低效杀手

让你聪明高效地工作

[美]海伦妮·塞古拉（Helene Segura） 著

祝莉丽 译

The Inefficiency Assassin

Time Management Tactics for Working Smarter,
Not Longer

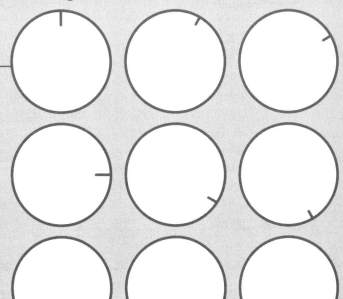

中国人民大学出版社
· 北京 ·

图书在版编目（CIP）数据

低效杀手：让你聪明高效地工作/ (美) 海伦妮·塞古拉著；祝莉丽译. —北京：中国
人民大学出版社，2019. 5

ISBN 978-7-300-26384-7

Ⅰ.①低… Ⅱ.①海… ②祝… Ⅲ.①工作—效率—通俗读物 Ⅳ.①C935-49

中国版本图书馆CIP数据核字（2018）第247338号

低效杀手

让你聪明高效地工作

[美]海伦妮·塞古拉　著

祝莉丽　译

Dixiao Shashou

出版发行	中国人民大学出版社			
社　　址	北京中关村大街31号		**邮政编码**	100080
电　　话	010-62511242（总编室）		010-62511770（质管部）	
	010-82501766（邮购部）		010-62514148（门市部）	
	010-62515195（发行公司）		010-62515275（盗版举报）	
网　　址	http://www.crup.com.cn			
经　　销	新华书店			
印　　刷	北京宏伟双华印刷有限公司			
开　　本	720 mm × 1000 mm　1/16		**版　　次**	2019 年 5 月第 1 版
印　　张	16.25		**印　　次**	2024 年 6 月第 2 次印刷
字　　数	223 000		**定　　价**	98.00 元

目 录

CONTENTS

制定应急措施，布置办公场所

电子通信

文件管理

节省时间

第三部分　组建你的团队
无论生活还是工作，你都不能孤军奋战

第四部分　在具体情境中运用时间管理的方法
应对困难，你也可以很从容

绪论 打响时间管理的第一枪吧!

朱莉是业内知名人士,经常被邀请为大型机构和公司做讲座或是开发项目。她努力高效地利用工作时间,以应对高强度的工作。每周一到周五,她早上 8:30 上班,下午 3:00 下班——这样就可以接送孩子,在他们放学后带他们去锻炼或玩耍。她的智能手机从未离身,以便可以在大厅里等待的时候,在杂货店排队的时候,或者在孩子们上床睡觉之后,挤出时间工作一会儿。周末,当孩子们在院子里跑来跑去,或在游泳池游泳的时候,她也可以偷偷地看一眼将要处理的工作。

一天傍晚,她正在观看儿子本的棒球比赛,突然感到手机在振动。她最大的客户给她发了一封邮件,询问即将召开的某场会议的有关情况。朱莉觉得应该立即回复客户的邮件。就在这时,本拿起棒球棒,从休息区慢慢地走向击球位置,而朱莉那时却正忙着回复她的邮件。

忽然,周围的人都从座位上跳了起来,大声呐喊、欢呼、吹口哨。人们变得疯狂起来!

"哦,我的天!发生什么事了?"她一边想一边以最快的速度打字。

按下发送键后,她站起身来,想看看发生了什么事。

原来,朱莉刚才错过了儿子的第一次本垒打。她难过极了,本也一样。

———◆———

"如果我能再次升职,我们就会……"

大三的时候，我认识了塞伊博士。他退休前在执法局做探员，现在还偶尔为那里做一些临时工作。他从朋友那里得知我想去美国缉毒局工作，于是同意与我会面，聊聊如何申请，以及如何做好日后的工作。

我对申请过程有所研究，当确认那些研究准确无误后，我松了一口气。（别忘了，那时还没有互联网呢。）我知道自己的学历和身体素质等方面都达到了要求，已经完全有资格为他们工作了。

在谈论这项工作时，我无法抑制自己的兴奋。他与我分享了一些与之相关的案例。我兴奋极了！这正是我想要的那种刺激的生活。尤其当我想到《亚当-12》《反恐特警组》《美国警花》《迈阿密风云》里面的内容，就愈加兴奋。我毕生的梦想就是当一名卧底警察或特工，现在梦想即将变为现实，我终于可以打击犯罪分子了！

接下来，我们开始谈论业余生活，更准确地说，我们开始谈论生活中的不足。他带我去参观他的公寓。房间里没有摆放照片，装饰也很少。我只顾着向他发问，并没有注意到自己身处的环境如此简单冷清。

塞伊博士问我："你知道为什么我会一个人孤独地坐在这间寂静且了无生气的公寓里吗？"

"不知道，先生。"我说。

"这是因为我选择了工作，而不是我的家人。我不懂得拒绝，也不敢换另一份工作。我太害怕了，不敢换工作。我的妻子和孩子也做出了他们的选择。他们离开了我，因为我从未陪在他们身边。"

我惊呆了，无话可说。在外人看来，他过着令人激动的生活，可以抓捕罪犯。但实际上，他的生活远非完美。

塞伊博士说，他确实抓住了每次晋升和加薪的机会。他拼命工作，事业有成，为家人创造了更好的生活。但令人感到讽刺的是，为此付出的代价却是他最珍视的东西——家庭。

他和我分享的经历对我产生了深远的影响，毫不夸张地说，改变了我的一生。那时的我还没有结婚的计划，但我知道我要拥有自己的生活和幸福。直到今天，我仍会想起他，以及他的时间管理方法对生活所造成的影响。

———◆———

我想与你们分享的另一个案例是关于企业家的。想到那些曾与我共事的敬业的、勤奋的、雄心勃勃的同事,我觉得这个案例与每个人都息息相关。

你有很多从商的理由,可能对此充满激情,抑或是负有使命,你知道自己喜欢什么——不是某个人,而是你所做的事,它带给你快乐,是你每天起床的动力。然后你才发现,原来这也是条生财之道。也许你并不十分热爱自己的工作,但有一个很棒的计划——一个肯定能带来丰厚回报的计划。特里西娅就属于前者。

当特里西娅开始做环保肥皂生意时,她并不担心生产状况,也不在意日常经营是否井然有序。她关心的是如何催促客户付款,以便在月底有足够的收入来支付房租和购买设备。她希望刨除各项开支,最好还有结余,这样就有钱花在一些好玩的事情上。在等客户电话的时候,她紧张地捏着手指,盼望下一个打电话的人是她的"摇钱树"。

当特里西娅对创业有了进一步的了解,知道朝哪个方向努力后,她开始扩大交易圈。随着联系人越来越多,客户们蜂拥而至,收入也随之而来。她尝到了成功的滋味,并渴望更大的成功。她知道自己的方向:我要加倍努力去实现目标!她开始下大力气建立交际网,策划市场营销,加强客户服务,以便拥有更多客户,并赚更多的钱。

与很多企业家一样,特里西娅从来没有说过"我要确立制度来维持秩序",或"我要用这些方法来提高效率,高效利用时间"。毕竟,如果不知道自己应该做什么,连客户都没有,怎么能从一开始就确立制度呢?

她的日程安排得太满了,以至她不知何去何从。她把工作和生活混在一起,以至都忘了两者之间还存在界限。每天,她的生活都会被电话、电子邮件、会议和待办事项填满,甚至有时候,她早上醒来会感到茫然失措,不知道该从哪里着手。

特里西娅进入商界的初衷是做自己想做的事情,可以遵循自己的想法,不再为老板打工。她可以自己制订计划,自己主宰时间,不用被拴在别人的办公桌前。

但事实上，她失去了梦寐以求的自由。她被拴在了自己的办公桌前，以及电话和电脑前。她从未休息过，哪怕是一天，也没有时间陪朋友或家人。即使偶尔有时间陪他们，她也时刻感到愧疚。她变成了老板，那个一开始她努力逃避的角色。忙碌的工作让她感到筋疲力尽，她开始反思为什么会进入这个疯狂的肥皂制造行业。她的激情、人际关系和整个精神状态都与当初设想的相去甚远。

> 为什么快乐不能超过一小时？
> ——W. C. 菲尔茨

如果你对上面三个案例感同身受，那么这本书非常适合你！这三个案例表明，若工作和个人生活相冲突，你将要为此付出代价。这也是为什么本书的副标题是"让你聪明高效地工作"，而非"聪明工作，勤奋工作"。我们都是积极向上的人，我们努力工作，不相信不劳而获。在这本书里，我想与大家分享如何有目的地工作，如何让工作变得高效，同时使其充满乐趣，这会帮你在省时省力的情况下事半功倍，也能助你拥有可自由支配的时间并实现梦想——聪明而高效地工作。

令人欣慰的是，如果你意识到生产效率和工作秩序的重要性，就不会因血压升高和精神压力而有导致中风、心脏病、离婚或者精神崩溃的危险了。我用"令人欣慰"四个字，是因为一些接受心理咨询和辅导的客户在心力交瘁的时候及时找到了我，比如特里西娅。他们已重拾零落的碎片，将自己的生活重新拼凑起来。这种好转令我倍感欣慰，但我的梦想是让更多积极进取的人在悲剧发生前就过上幸福的生活。

我不想看到你们错过生活中的重要时刻，比如朱莉的惨痛教训，她错过了儿子人生中的第一个本垒打。很多时候，我们一心追求工作中的成就，却因此错失生活中的某些重要瞬间。阿诺德·扎克律师认为，没有人会在弥留之际说："我本应该在工作中投入更多精力。"事实上，我们多数人会后悔在生活上投入的精力过少。

无论我们是在小公司还是在大公司工作，在家办公还是自己当老板，在某种程度上，我们都是勇士和超人，都在为自己的目标而战，那就是获得成功。我们利用一切可以利用的武器和工具突破瓶颈，取得长足的进步。我们秘密行事，找寻制胜的法宝。在完成全部任务之前，我们不会停下脚步。我们会遭遇失败，但仍奋勇向前。无论我们是何种性别，是单身或是已婚（或者你的脸书关系状况一栏为"其他"），都应该平复激动的情绪，冷静处事。

如果你想感受平静，并适当地平衡工作和生活，那么无论你的事业处于什么阶段——第 5 个月、第 5 年，或第 50 年——你都要了解组织和效率，这至关重要。

> 科学是有序的知识，智慧是有序的生活。
>
> ——威尔·杜兰特

至此，你可能会自问："什么是'有组织'，什么是'有效率'？"

在讨论组织和效率的时候，我的关注点有以下几个方面，你是否可以

以独特的方式规划工作？

高效工作，得到理想结果？

有时间做自己想做的事？

前两种解释出自韦伯词典。我提到第三点，是因为它是忙碌的上班族所渴望的。

如果我告诉你，我可以挥动魔法棒，让你的生活一夜之间变得更加美好，我相信你肯定知道这不可能。否则，在上次感到压力很大的时候，你就会买根魔法棒，而不是买了一盒巧克力或者一瓶葡萄酒。

根据实际情况，选择恰当的策略和方法，成功地完成任务，这是最重要的。有些人可能会一次性脱胎换骨，有些人可能会循序渐进地改变，每周或每月都改变一点，后者更容易让人接受。

你选择哪种方式都可以，但如果什么都不做，那就什么都不会改变。

你是否厌倦了被各种事情压得喘不过气？你是否不想再错过任何难忘的瞬间？

你是否希望每天拥有更多自己的时间？

你是否想掌握帮助你提高效率以获得更大成功，同时还能减轻压力的方法？

如果你对以上任何一个问题的回答为肯定，那么你来对地方了。

欢迎加入！是时候启动我们的任务了……

掌控自己的人生

奇普是我的朋友，就职于一家发展迅速的科技公司。他像中后卫般魁梧，身高约 6 英尺，体重几乎达 300 磅。你绝对不想和他相遇在漆黑的小路上，但他却是个值得信赖的朋友。

奇普工作非常努力，他总是处于工作状态，从早上进入办公室开始（通常很早），到晚上离开为止（通常很晚）。他甚至没有时间停下来好好吃顿午饭，通常就随便吃点儿办公桌上瓶瓶罐罐里的零食。

他是个特别友善的人，从不拒绝别人的请求。无论在做什么，只要同事或客户向他求助，他都会停下手里的工作去帮助他们。可他却从不向别人寻求帮助。他是一个高大坚强的家伙，他认为自己每时每刻都要承担起全部责任。

直到有一天，他在开会时突然感到胸口疼痛难忍。他面色苍白，紧捂胸口，大叫道："帮我打 911！"在医院里，医生对他说："你的血压高得离谱！你能活着真是个奇迹！"

我们来看看奇普是如何醒悟的！

奇普距离心肌梗死只有一步之遥。那段时间，他很快戒掉了恶习。当时，他才 48 岁，以后的路还很长。最终，没有手术，也没有吃药，他的精神压力减轻了，血压也恢复了正常。他缩短了工作时间，却可以高质量地完成更多的工作，甚至会外出度周末。他是如何改变习惯的呢？就是通过我们此刻要谈到的方法——时间管理革命，全面掌控自己人生。

在有关特工和侦探的书籍、电视节目或者电影中，主角总会察觉困境，查明原因，并找到适当的策略方法去解决问题。今天，和奇普一样，你们就是超级特工故事里的主角，会想出各种解决问题的策略和方法。所有人都有能力发动时间管理革命。我们只需将其从内心深处激发出来，并形成自觉意识。（为了达到戏剧效果，此时你应站立不动，将披肩向后甩过肩膀，说道："没错，我要掌控自己的人生了！"）

正如前面所说，见过塞伊博士之后，我就不想做执法工作了。我希望成为一名教师，一个变革推动者。我要通过激发学生的批判性思维来提高他们的时间管理能力，这就是我几年前开始从事效率咨询业务的初衷。也就是从那时起，我变成了变革推动者，帮助我的客户寻求工作和生活间的平衡。我告诉他们如何提高效率，帮他们减压，让他们充分利用时间，从而让他们的个人生活更加和谐，他们的公司经营状况有所提升。我很荣幸地以"低效杀手"的身份在全国进行宣讲。（我是个反暴力主义者，但我愿意尽我所能去对抗时间浪费！）

我从小就喜欢读南希·德鲁系列推理小说。小学时，我还和最要好的朋友艾米·艾曼比赛，看看谁读的书多。你会发现，我对特工、侦探类书籍和电影的喜爱一直持续至今，这体现在方方面面。我的职业名称、本书中的实例和所选的主题等都体现了这一点。

> 去奋斗，去追寻，去探索，但绝不屈服。
>
> ——丁尼生《尤利西斯》

本书是如何谋篇布局的？

本书的魅力，在于表明任何人都可以成功！虽然我会时常用一些科学术语来解释事情的根源，但成为一名高效率的商业人士并不需要太多技术。这与个人选择息息相关——做出更有力的决定，然后去落实。鉴于我们想要成为工作和生活中的改革推动者，在阅读本书的时候，我们的大脑会在两个层面上接收信息：策略层面和方法层面。很多人在追寻有效方法的时候，会将待办事项列成清单，用以激发兴趣，比如"五件待办事项"或"有助提高效率的十件事"，这样会让你的目标更简洁实用，易于实现。然而，若想长期有效地实践这些方法，你就必须了解其中的奥妙——这些方法所体现的策略。这也是我会从策略和方法两个层面进行探讨的原因。

若想做到组织有序和提高效率，我们就要了解任务策划的过程，因为它们的逻辑是共通的。行动前的规划非常重要。本书的核心包含三个部分，涵盖了聪明而高效工作所需的若干方法——我的"CIA 三部曲"旨在帮助你们取得时间管理革命的胜利：

C（Create Clarity）——保持头脑清醒　　第一部分

I（Implement Structure and Flow）——提前规划，随机应变　　第二部分

A（Assemble Your Team）——组建你的团队　　第三部分

每章都由如下几个部分组成：

目标： 你是否应该完成此项任务。这个问题至关重要，它关系到你的生活能否变得更加美好。

方法： 如果你时间有限，想得到快速的解决方案，或者你想大喊："直接告诉我怎么做就好了！"那么请试试最热门的几种方法——解决问题的具体方法。它们是帮助你克服时间不足的利器。

策略： 思维方式是时间管理的基础。如果你说"直接告诉我怎么做就好了"，那么你应该意识到，教你如何思考——大脑如何运转，就是在告诉你如何去做。事实上，你多数时间都在思考。如果想全面认识自己的现状，了解这些方法的原理，以及如何在未来避免陷入同样的境况，你就一定要阅读这部分内容，其中包括通用的战略思维概念和心理战术，它们就像战斗护甲和作战计划一样，能助你取得更大的胜利。

具体行动： 想要成功地完成任务，你就要带着问题阅读本章内容，然后筹划下一步行动。

如果你认为没有必要认清自我或了解方法原理，只阅读"目标"和"方法"两部分内容即可，其他部分可以忽略。如果你想有更深入的了解，可以接着阅读"策略"和"具体行动"两部分内容。如果你想有更全面的了解，可以再仔细阅读本书的补充内容——行动指南（可以从 www.Helene Segura.com/30tactics 下载）。

在详细介绍完"CIA 三部曲"之后，我们将在第四部分讲解具体问题的解决方法，帮助商务人士有效地解决常见的问题。

策略和方法：名称和缩写

为了更好地了解本书内容，我建议你按顺序阅读，这样可以全面了解"CIA 三部曲"，也可以更好地管理时间——或者换句话说，管理思维。然而，我知道你时间有限，因为你不懂如何高效地利用时间。鉴于此，我基于问题类别将本书分为若干章节，以便你可以对号入座，找到所需方法。建议你抽时间阅读"策略"部分的内容。正是这些晦涩难懂的知识能帮你改进利用时间的方式。

> 如果你想要表达一个重要的观点，不要说得晦涩难懂，也不要故作聪明。要像打桩机一样，直击要点，然后再次击中要点，然后第三次击中——一锤定音。
>
> ——温斯顿·丘吉尔

本书中很多概念都是相互关联的，所以你会发现，我总是反复提到某些策略和方法。这样，即使你选择性地阅读本书，也不会错过任何有价值的信息。这些重复的信息也会起到提醒的作用，让你知道应该做什么。毕竟，各类想法在被重复很多次以后，才能被人们整合在一起。

如果你按顺序阅读，就会发现我在第一次提到某个策略或方法时，都会对其进行详尽的介绍，然后在后面内容中反复提及。倘若你选择性地阅读本书，或将本书仅做参考，可以先了解下面的表格，它将书中的策略和方法都冠上了有趣的名称：

名称	目标	章节
3+3	确立重中之重	第九章　在 24 小时内完成任务
CHOP	摆脱恼人的事	第九章　在 24 小时内完成任务
头脑解放	清理你的大脑	第十章　设置提示，不要忘记
5P	清理空间和文件	第十二章　整理办公室
DID	有效处理文件	第十九章　处理日常文件

在线资源

登录 www. HeleneSegura. com/30tactics，你可以看到时间管理的标准，这也是本书的行动指南。你还可以了解到书中提到的神经系统科学家和心理学家的研究成果、实用词汇表、应用程序和软件，以及推荐的办公用品、著作、引文和音像资料等。

如果你的阅读时间有限……

我在书中列举了一些客户案例。他们中有的人在大公司任职，有的人在小公司工作，还有的人在家办公、自己创业，或做某种产品的代理。无论你属于哪种情况，都可以从这些案例中获益，进而提升自己的工作效率和生活质量。

有人对此感同身受，认为我的建议很实用，因为自身情况与案例极为相似，恭喜他们！还有人会拍着脑门说："太对了！我以前怎么没有想到！"也有人可能会说："嗯，这很简单，也没什么特别新鲜的地方。我们都应该这样做！"如果这样，就请问问自己做到了吗？你每天都是这样做的吗？

如果你采纳本书的某个方法，那么每个工作日至少会节省 60 分钟，每周就会节省 5 个小时，每月节省 20 个小时，每年节省 240 个小时。算下来，每年可以节省出 6 周的时间！谁不想省下这些时间做点别的什么呢？

很多读者都没有时间将这本书一气呵成读完。没关系，如果你也是这种情况，我建议你每天在固定的时间里阅读 15 分钟，如早饭前后、午休时间或者晚上，要做到每天都读一点。如果你是每天有固定通勤时间的上班族，那么在上下班途中阅读本书也是个不错的选择，它可以帮你把注意力从身边那个气味难闻的人身上移开。

要知道万事万物都是变化发展的，没有什么是一成不变的。毕竟，我们是人，我们会进化，会改变；我们的责任会变，周围的一切都会变。我建议你察觉变化的时候翻看此书，寻求帮助。

阅读本书也是对你事业、个人情感、身体和精神健康的投资。如果你认为自己没有时间读完全部内容，那我更要强烈建议你从头到尾将它读完，因为书中介绍的策略和方法会帮你节省大量时间，去做任何想做的事。

　　阅读时请准备好笔、荧光笔和便利贴，这些工具能帮你更好地阅读。如果你读的是电子版，我希望你的系统自带书签和笔记功能。如果没有，别忘了准备一本日志或笔记本，以便在阅读的时候可以随时记笔记，写下自己的计划。此外，别忘了好好利用行动指南。

我的封面故事

　　我喜欢冒险。每年夏天，我都会和丈夫一起在外旅行三周，彻底抛开一切。我们会沿着人迹罕至的道路旅行，去一些"非同寻常"的地方，比如，去罗马尼亚的布兰和波西尼亚的莫斯塔。通过旅行，我可以了解世界各地的风土人情，还有机会与形形色色的人接触，做一名优秀的行为修正师。

　　我在洛杉矶出生长大，特长是体育运动，而不是聪明才智。我不擅长学习，是通过刻苦努力才取得不错的成绩。在我的朋友中，有人智力超群，有人四肢发达、头脑简单，也有人不学无术。他们让我学会如何与不同的人相处。

　　小时候，我是个假小子，很少穿裙子，也很少化妆。我喜欢穿运动鞋，经常剃个光头。长大后，我每周六会看橄榄球比赛，每周日会看达拉斯小牛队的比赛。最近，我开始学习如何变得女性化——现在还在学习之中。我相片中的发型和妆容看起来都还不错，因为我雇了专人在拍摄当天替我打理。

　　高中毕业后，我做了件疯狂的事，为了效力得州农工大学足球队，我搬到了"牛仔镇"。一方面，我要参加课外活动，另一方面，我又缺乏学习天赋，所以，为了取得好成绩我得竭尽全力。甚至在某个夏天我因为成绩差被赶出了宿舍。（因为脚踝受伤，我的体育生涯也在一个赛季后告吹。）

　　第一个学期，我就告诉父母自己不会搬回洛杉矶，因为我喜欢悠闲的生活节奏。最终，我定居在圣安东尼奥，我觉得它是最安逸的大都市，我在这里当了一名教师。

　　读研究生时，我开始从事大脑研究。灵光乍现时，我想出了处理新信息的方法，这不仅有助于记忆，还可以在必要时有益于处理日常事务。我的职业生涯的前半部分致力于教中学生学习、修正行为、管理实践活动，后半部分则致力于教我的客户如何做好上述活动。

到目前为止，我发现自己的教师角色一直没变。我是孩子们的保姆，大学的常驻顾问，在 Title I 学校里任教 11 年，同时也是一个教育顾问。

我一直对经商感兴趣。我在暑假做各种工作。我曾在一家快餐店打工，负责管理旗下所有门店，也曾在一个全国连锁的男士服装店给裁缝当学徒，还曾从事保险和银行业的幕后工作。研究生在读期间，我学会了如何像经营公司一样管理学校。我一直都是一个企业家。当我还是个孩子的时候，就摆摊向邻居们出售过木雕，还赚了不少钱。高中时，为了赚钱，我替朋友们开车。有一段时间，我还卖玫琳凯化妆品，这样我和朋友购买化妆品的时候就可以打折了。我和丈夫认识很多教师，他们退休后的日子很艰辛，于是我们（回想起我当教师的日子）投资了出租房，然后出租给别的公司。2001 年，在开展"新娘应急箱"的业务之后，我创办了一家在线婚礼装饰公司。

最终，在 2006 年，我成了一名效率顾问，将我的教师、经商和企业家经历有效地整合在一起。最终，我找到了激情所在，也知道如何才能快乐地生活。一个重点，一个目标。成功，快乐。

我喜欢帮助别人提高效率，这让他们可以生活得从容安详。

有时间四处旅游，品酒，享受美食。

学习如何骑摩托车。

这是我的人生目标清单！

你的清单上有什么呢？

———❖———

我为什么要与你分享这些？

首先，当你对一个人有所了解，即使只是一知半解时，会更容易了解对方，更乐于展开对话。因为我无法与你在咖啡店或酒吧里面对面地坐着，所以分享的这些经历就是我们联系和对话的开始。很高兴见到你！

其次，你是否有这样的培训经历——培训者自己也没有体验过他所讲授的内容？这是件很让人恼火的事。我当老师的时候，这种事司空见惯。培训者教我们如何教学，即使他们自己并没有当过老师。经商时，我参加过很多营销会议，可主讲人并没有从事过营销。怎么会这样？我是一名合格的专业组织者、效率培训师、培训顾问，我对企业家和商人的认知源自我的亲身经历，相信你也一样。

再次，我想用自己的经历抛砖引玉，帮你开启回忆之旅。

现在轮到你了！

我保证我们不会在自我评估上耗费太多力气。如果你真的想更加了解自己，知道如何最佳行事，可以看我的《生活如何变得有秩序》。了解自己的现状和未来的重点，这非常重要。

如果你想走捷径，请默默回答以下问题。如果你喜欢深入思考，我强烈建议你写下想法，可以写在书上，写在下载的行动指南上，写在电子版笔记上，或者写在单独的日志上。

背景调查：你的封面故事是什么？

答案不分对错。这是一个了解自己的有趣方法。现在开始吧！

> 你是谁？
> ——路易斯·卡罗尔的《爱丽丝梦游仙境》中的毛毛虫

你长大后是什么样的？

你的兴趣爱好是什么？

你的工作是什么？

你选择自己开公司或从事当前职业的原因是什么？

你过去的经历或者兴趣爱好与你现在所从事的工作有联系吗？

再次重申，答案不分对错，这些问题只是为了让你更好地了解自己和自己的生活方式。有时候我们会发现自己屡次被同样的问题所绊倒。意识到这个问题，会让我们变得更加警觉，避免在未来犯同样的错误。通过回答前面的问题，我们可以了解自己的喜好，知道我们性格的成因。在本书的第一部分，我们会进行讨论，从而帮大家更好地利用时间。

> 如果时间充裕，你会将时间投在哪些兴趣爱好上？
>
> 你取得了哪些成就？
>
> 你列举的这些成就是生活上的，还是工作上的，抑或是两者
>
> 都有？

如果你的所有成就都来自个人生活，那么你就会发现自己在生活上投入了过多精力；若想在工作上取得更多进展，你就应该多花一些精力在工作上。反之，如果你的成就都和工作有关，那么你就应该在个人生活上多投入一些精力。

本书可以帮你合理分配投入工作上和生活上时间。正如我之前所说的也是一个贯穿全书的思想，我以生活为重。如果你乐于当一个工作狂，没有个人生活，也无可厚非。但如果真如此，你可能也不会翻开此书。

> 你的人生目标清单上有什么？
>
> 你是如何定义美好生活的？
>
> 基于你的定义，你现在的生活美好吗？如果你的回答是肯定的，
>
> 就尽情享受吧，为自己喝彩！如果你的回答是否定的，你还差多远？

明确自己想过的生活，以及在生活中所获得的成就，将有助于你精心规划自己的时间。当你十分珍视时间的时候，就能够很好地平衡生活和工作了。

这还不错，对吧？拓展思维，不要拘泥于过去，有时候，适当地回忆过去，并着眼当下和未来，我们会做出更精彩的人生规划。

准备好！开始转换思想吧。你将开启一项光荣的任务：发动你的时间管理革命。祝你成功！

>> 第一部分

保持头脑清醒
时间管理的关键是思维管理

▶▶▶ 第一章 掌控全局：改变思维方式，一切尽在掌控

害怕丢掉老客户，担心时间不够用，经常熬夜加班，工作多得做不完……这些情况让你情绪低落，消极懈怠。没关系，来读读本书吧。

作为追求利润的商人，我们很容易陷入这样一种心境——"我必须完成这项工作，否则我就是个失败者！"如果我们转换思考方式，关注身边最重要的事情，情况就会大有不同。如果你认为："我应该好好锻炼身体，多与家人相处，认真经营婚姻，否则我就是个失败者！"那就对了！多完成一项工作并不能帮你更好地处理生活中的要事。

如果在翻阅本书之前，你就对这句话感同身受——"我应该好好锻炼身体，多与家人相处，认真经营婚姻，否则我就是个失败者！"——并且一直是这么做的，那么，你就会高效工作，并在工作之余拥有自己的生活。

时间管理

工作效率

生活幸福

事业成功

内心平和

这些都与思维管理有关。事实上，这些都在你的头脑之中。

外星怪物带给我们的思考

最近你看《异形》了吗？这是该系列的第二部影片。艾伦·蕾普莉由西

格妮·韦弗饰演，她击败了强大的外星怪物。作为首次探险任务中唯一的生还者，蕾普莉在沉睡了57年之后，被救援队救回地球。此前，她一直生活在遍布着恶心的外星生物的殖民星球。返回地球以后，当局却让她再与海军陆战队一同返回殖民星球，因为生活在那里的人类突然和地球失去了联系。到底发生了什么？

到达殖民星球后，他们发现那些恶心的异形牙齿锋利，满身黏液，一口可以活吞一名陆战队队员。当时，蕾普莉的团队只剩下六个人留守控制中心。二等兵哈德森（由比尔·帕克斯顿饰演）一直在哭诉："一切都完了！我们就要死了！我们还能做什么？我们出不去了！"

蕾普莉做了一次深呼吸，环顾四周，镇定地对哈德森说："现在，我命令你操作这台设备，调出类似平面图的文件。你明白我什么意思吗？找出建筑结构图，或者任何有关这个地方布局的文件。你在听我说吗？我要找到通风管道，我要找到电路通道，我要知道这个地方是否有地下室，我要知道每条通道。我们时间不多了。哈德森，你需要放轻松。"

在其他队员因为周遭恶劣环境而极度崩溃时，艾伦·蕾普莉依旧可以保持镇静，客观地看待问题。

情况危急，但是她深知：必须抓紧时间，才能节省时间。

她也知道该如何保持头脑清醒。

你的秘密武器是……

在推广《低效杀手》这本书的时候，我接触了来自各行各业的人。世界各地的客户通过电话向我寻求帮助，他们问得最多的问题是："什么工具最有效？"对于这个问题，不同的人会有不同的答案，比如，日历、文件夹、文件柜、任务管理程序、代码管家。我总是被问到关于工具的问题。此外，还有公司想雇我参加它们的会议或培训，希望我总结出"最好用的十大工具"。每个人都对此充满兴趣。

鉴于当时时间有限，我简短地告诉他们，除非与更重要的东西相结合，比如一个很好的策略，否则这些工具也仅只是工具，不会发挥作用的。

现在，我们有足够的时间，就来看看这超乎想象的概念吧。

保持组织有序和高效工作的关键是什么？

我可以告诉你，这与购物清单无关。你不需要购买任何工具或者物品，不需要任何容器，也不需要任何应用程序。

你想知道人们一直追问的问题的答案吗？你想知道如何才能发动你的时间管理革命吗？

给你一个提示：你已经拥有了时间管理的重要工具。

那就是你的大脑！

没错，我的战友。你的大脑是你的秘密武器！不需要特意购买任何东西！能否管理好时间取决于你如何训练自己的大脑。

别误会我的意思，你可以利用日历或应用程序等工具，但最重要的工具是你的大脑 —— 因为你的大脑决定了什么事要被提上日程，什么事要被添加到程序或清单中，你可以选择某个工具记录待办事项。

你的大脑能够成就你，也能够摧毁你。

从起床的那一刻，直到晚上躺下睡觉，你所做的每个决定都会影响你的工作和生活。

你的大脑在做决定。

因此，你的大脑决定了你失败或者成功。

大脑支配着你的一切行为。它决定你浪费哪些时间、利用哪些时间，决定你能否按时完成任务，决定你如何与人交流，决定你如何应对不同的环境。如果很多事情让你感到犹豫不决，你就应该改变思维方式。

重要的是，你不可能放任自己对一切熟视无睹。你必须清醒，有意识、有目的地根据时间做出选择。你的大脑将会帮助你完成时间管理革命。

创造并专注于自己的秘密武器

本书的第一部分旨在讨论"CIA 三部曲"中的 C，也就是保持头脑清醒。你将会学习如何专注并利用自己的秘密武器——你的大脑。

保持头脑清醒，我们必须要做以下几点：

　　明确重点
　　确定目标
　　照顾自己
　　冷静思考
　　乐于改变

　　读完第一部分，你会发现有关高效工作的第二部分和第三部分要容易得多。

　　准备好了吗？让我们从明确重点开始吧！

▶▶▷ 第二章　明确重点

　　火势在你家中迅速蔓延，只有几分钟撤离时间，你会怎么做？很不幸，我的客户卡萝尔有过一次这样的经历。她生活在美国中西部一栋位于宁谧街道的二层小楼上，她的房子有个前廊，周围是白色的尖桩栅栏。一天夜里，地下室的电线短路引发了火灾，她和家人赶紧从楼上的卧室冲下来跑出房子。我问她当时拿了什么东西，她回答道："当时我意识到任何东西都是身外之物，都无足轻重。我必须确保家人全部安全逃离，确保宠物都很安全，以及带着药物确保我们身体健康。"

　　危急情况中，卡萝尔只能关注那些最重要的事。她知道最重要的是她所爱的人一切安好。大火摧毁了房子，但可以重建。这次经历改变了她的时间分配观念，让她清楚地知道生活中哪些事最重要，这可以帮她在未来的生活中做出更好的选择，更好地分配时间。她意识到工作永远都在，但家人却不是。

目　标

　　在明确重点的基础上做判断。写下对你来说最重要的事情，放在每天都可以看到的地方。

方　法

抓住生活重点

1.头脑风暴：（在纸上或者电子设备上）写下生活中的重要人物和目标。

2. 根据这个清单，写下最重要的三四个目标。

3. 每天看一遍这些重中之重。

4. 基于这些重中之重做决定。

抓住工作重点

1. 头脑风暴：（在纸上或者电子设备上）写下工作中的重要信仰、目标和概念。

2. 根据这个清单，写下最重要的三四个目标。

3. 每天看一遍这些重中之重。

4. 基于这些重中之重做决定。

策　略

为了更专注于自己的事业，你应该明确生活中最重要的那些事情。我们总认为自己对其了如指掌，因为它们时常在脑中闪现，但当我们想要把这些要事写在纸上（或者电脑上）时，才发现它们在头脑中并非根深蒂固。因此，我们很有可能漏掉一些要事，最后忘记初衷，走上截然相反的路。

虽然我们每天都有一些重要的事情去做，比如，我们要给汽车加上足够的油，这样才能顺利地到达下一个会场，还要确认晚餐的时间和地点等。但我想说的是，我们应该放大格局，考虑更加重要的事情。

有很多客户在事业刚刚起步的时候整天忙于工作，偶尔和家人共进晚餐，但之后又马上回到电脑前。以前，他们晚上会和家人一起度过，现在却只能与电脑为伴。长此以往，他们和家人的关系陷入了紧张状态。他们忽视了最重要的人：爱人和孩子。他们把大量时间花在工作上，从而影响了和家人的关系。因此，他们需要做出改变。

很多客户的内心充满了负罪感。他们也想和孩子们一起游戏，但却鲜有时间，因为实在太忙了。在内心深处，他们也想少做些工作，多陪陪孩子，但在做日程安排的时候，却并没有重视这件事。然而，有人却把"与孩子一同游戏"看作最重要的事，并将其列在清单上。

别忘了，谁应该被列在你清单的首位？你自己！这是什么意思？为什么是自己？因为归根到底，这一切都与你有关。

举个例子。这个例子你一定听过很多次，但我还是要再说一次，因为它实在是太恰当了。如果你坐过飞机，那就会知道起飞前乘务员会进行例行安全播报。通常情况下，乘客们会继续做自己的事，有人打电话，有人翻看杂志，大多数人会忽略安全播报中的一句话："如遇到舱内压力变化需戴氧气面罩，请先调节好自己的面罩，再帮助你周围的人。"

> 知道做什么会让你开心，这才是初衷。
>
> ——露西尔·鲍尔

这样做是正确的。如果我们自己都不能呼吸，如何为他人提供帮助？因此，我们要先戴上自己的氧气面罩。

清楚地知道生活中最重要的三四件事，保持头脑清醒，合理分配我们的时间。不要等到大难临头才重新审视你的生活！

当我们的想法不再徘徊于大脑的有意识区域和潜意识区域时，我们就会变得更加专注。这就是写下目标并每天审视的原因，因为善于捕获信息的大脑神经会把随意出现的想法变成重点目标，这样做可以帮助大脑将其屏蔽。

在思考我接下来提出的问题时，不要关注这些事何时发生，而应关注其发生的条件。

重要的人

你在生活中想取悦谁？谁是对你非常重要的人，是你的孩子吗？把重要人物排在列表前列。你以后的所有决定都应该基于发展你与这些人的良好关系而定。

重要的事

做哪些事有利于发展与重要人物的关系？参加旅游是不是一件重要的事？哪些活动会让你感到内心平和？哪些事有利于自身健康？你以后做出的所有决定都应该基于将这些事情付诸实践。

重要的工作

事业对于你来说很重要吗？你所在公司的目标是什么？你需要完成哪些工作任务？哪些事会给你带来收入和好处？如果你在某家公司任职，完成哪些工作对你的年度考核有利？你以后做出的所有决定都应该基于做好工作中的要事。

一切已渐渐明朗。现在，你已经了解生活中的要事，可以更好地做出选择并利用时间了。如果大脑又忽然让你丢下手头的事，转做别的事，你就要考虑是否同意。或者，下次有人叫你去做某件事，在同意之前，一定要想想你写下的要事清单。

那件事是否能助你完成某件要事？

如果答案是肯定的，就去做。如果不是，就拒绝。如果和老板的意见相左，请阅读第三部分，你会了解如何与别人沟通。如果你自己就是老板，那就有权决定任何事。

坚持进行头脑风暴。后面，我们将会用到这些练习和你列的清单。你将学习如何基于清单规划你的生活，也会进一步了解如何更好地利用时间，做出决定。

筹划你的下一步行动

▶ 你准备将这些清单放在何处，以便于你做决定的时候可以随时拿出来看？

▶ 你会将生活中的要事清单放在何处？

▶ 你会将工作中的要事清单放在何处？

▶ 你会在每天什么时候回顾这些清单？

▶ 养成每天阅读这些清单的习惯并不是一件容易的事，你是如何提醒自己每天做到这一点的？

▶ 遵循本章介绍的策略和方法，是否让你的生活变得更美好？

▶▶▷ 第三章　明确目标

理查德厌倦了公司的环境。他选择了辞职，然后购买了某项代理权。他想更加努力地工作，想自己当老板，赚更多的钱。

他的生活很快就被工作填满了。尽管公司已经制定了工作指南和培训课程，但仍有很多事务等着他来处理。他在家的时间越来越少。即使在家，也一直在工作，忽视了身边的每一个人。

当员工或经理打来电话，让他做某件事时，无论当时几点钟，他都会立刻去做。他几乎没有时间哄孩子睡觉。他向妻子保证会多花时间陪她，他向孩子们许诺会多陪他们玩耍。

每天晚上，当他躺在床上，看一眼手表，然后再看一眼床头柜上的全家福，他都会意识到自己再次食言了，他并没有多陪伴家人。理查德真心希望多花些时间与家人相处。既然他认为家人很重要，为什么没有履行承诺呢？

虽然他认为家人很重要，但是，这个想法并没有进入大脑中的有意识区域，大脑并没有强化他的要事和目标。

目　标

基于目标做出生活和工作中的决策。写下你的目标，并将其放在每天可以看到的地方。

方　法

锁定你的生活目标

1. 拿出你之前写的生活要事清单。

2. 根据这个清单，写下你认为最重要的三个生活（可衡量）目标。

3. 每天回顾你的目标清单。

4. 基于这些生活目标做出生活和工作中的决策。

锁定你的工作目标

1. 拿出你之前写的工作要事清单。

2. 根据这个清单，写下你认为最重要的三个工作（可衡量）目标。

3. 每天回顾你的目标清单。

4. 基于这些工作目标做出生活和工作中的决策。

策略

多项研究表明，若目标富有挑战性、切合实际，且可被衡量，我们就更容易取得成功。反之，我们就更容易放弃，无法取得成功。

调查研究的结果告诉我们——要有具体的目标。

多数人从未认真思考自己到底想要什么，只是努力地做着自己尚未实现的事情。但是，如果不明确自己的具体目标，你又如何判断成功与否？

> 如果你不知道何去何从，就很可能最终偏离目标。
>
> ——劳伦斯·J. 彼得

如果我们没有具体目标，就无法判断是否已完成目标。

很多时候，我们加班加点地工作，因为还没有完成目标。事实上，很多人已经非常优秀了，但却不认可自己，因为他们始终没有明确具体的目标。

如果你以健康为重，就设定一个相关目标，比如，每天走路半小时；如果你觉得和另一半相处很重要，也可以设定一个相关目标，比如，这个周末与他/她共度两个小时。基于要事清单设定具体目标，你可以拥有更多业余时间去创造美好的生活。设定具体目标会让大脑更好地做出选择，也帮你更好地利用时间。

我发现大家在设定具体目标时都存在一个问题，那就是目标过于抽象，无法衡量。以下就是几个典型范例：

我想

　　事业成功

　　赚足够的钱养家

　　与家人相处

　　身体健康

　　开心快乐

> 成功者都有明确的目标，因为他们知道前进的方向。成功就是这么简单。
>
> ——厄尔·南丁格尔

这些目标都很好，但如何衡量它们？你觉得订票网站上写"你将获得一些里程数"比较清晰，还是"你将获得 5 321 公里里程"比较清晰？

你要知道"我想变得更好"，"我想赚更多钱"或"我想多与孩子相处"并不是具体目标。"更多"或"更好"都是模糊的概念。设定可衡量的目标十分重要，最好是能够量化的目标。

是时候将你的目标具体化了，这样你才能明确目标。让我们将上面列出的模糊的、不可衡量的目标转化为具体的、可衡量的目标。

把"事业成功"变为——

　　每周工作 X 小时，

　　每年赚 X 美元，

　　发展 X 个新客户，

　　升到 X 职位，

　　从客户服务费中获得 X% 的提成，

　　在员工评价中获得 X 评价，等等。

把"赚足够的钱养家"变为——

　　我们的月支出是 X 美元，我想每个月赚 Y 美元，这样就可以为家人提供更好的生活。

把"与家人相处"变为——

工作日每天与孩子相处 X 小时，

工作日每天与另一半相处 X 小时，

工作日每天与其他家庭成员相处 X 小时，

每周末与孩子相处 X 小时，

每周末与另一半相处 X 小时，

每周末与其他家庭成员相处 X 小时。

把"身体健康"变为——

今年生病少于 X 天，

胆固醇含量为 X，

血压为 X，

每天睡 X 小时，

每天喝 X 盎司水，

每天走路 X 分钟，

每周最多出去吃 X 次饭……

"开心快乐"是一个独立的目标？还是涵盖了以上所有内容？

当写下目标后，你就更有可能完成它们。除了目标要具体外，把它们写下来也很重要。为什么写下来的目标更容易实现？因为你会把它们从潜意识区域转到有意识区域，正如理查德（本章开始时提到过）所做的那样。

该从哪个目标开始呢？你可以选择最容易实现的目标，这样很快就会品尝到成功的喜悦；或者选择对你比较重要的目标。

基于在要事清单上设定了一些具体目标，这可以帮你更好地工作，也可以让你在工作之余享受更好的生活。设立目标并每天回顾，你的大脑便可以更好地分配时间，做出决策。

具体行动

理查德开始实践这些策略和方法。他设立了具体的工作和生活目标。其中包括，每周与妻子和孩子共度时光，以及回家之后不处理工作事务。一个月内，他严格遵守时间表，履行了对家人的承诺，有了更多的时间陪他们。

筹划你的下一步行动

▶ 你准备把这些清单放在哪里，以便做决定的时候可以随时拿出来看？

▶ 你会把生活目标清单放在哪里？

▶ 你会把工作目标清单放在哪里？

▶ 你每天会在什么时间回顾这些清单？

▶ 养成每天回顾这些清单的习惯并不是一件容易的事，你是如何提醒自己每天做到的？

▶ 本章介绍的策略和方法是否让你的生活变得更美好？

第四章　自我管理

南希的案例很有代表性。与我见面之前，她一直都很忙碌，从来没有自己的时间。她从早到晚总是在电脑前工作，早上……下午……晚上……经常忙碌到深夜。她一周至少有六天在工作，有时候甚至七天。她靠咖啡保持精力充沛，每天要喝很多杯。关于正餐，她要么吃罐头，要么在外面吃。她的大脑一直处于高速运转状态。

有一次，她要给一个星级客户做一个重要提案。如果顺利完成，她所在公司未来两年都会获得丰厚的利润。她手头有很多工作，然而每次她都优先完成其他工作，直到与客户会面的前一天，她才意识到必须把有关这个重要提案的所有资料整理出来。

那天，她突击到凌晨两点才完成提案准备工作，早上六点就起床了。她自信满满，认为提案无懈可击，加上她的个人魅力，应该会让客户满意。

遗憾的是，她搞砸了。因为缺乏睡眠，长期依赖咖啡提神，她的大脑不堪重负，在展示提案时状况频出。她心烦意乱，思维时常混乱，最终导致她没有留得住客户，也失去了公司的信任。

———❖———

我的朋友卡里·科尔宾自己经营着一家公关公司。2014 年 7 月，她决定和家人一起去佛罗里达度假两周，这是她十年来第一次休假。

她将休假计划告知了所有客户，临走前处理完了所有遗留问题。她知道如有临时状况，还可以用手机查看邮件。当一切安排妥当之后，她和家人踏上了休假之旅。

假期的第一个星期一，她想查看一下邮箱，确保一切正常，但却始终无法打开邮箱！她焦急万分，让儿子们帮忙看看手机到底出了什么问题，可他们也没有找出问题所在。她来回踱步，做了一次深呼吸，然后做出了决定："我正在休假，而且提前通知了每个人。现在我要好好享受假期。"她很开心做出了那样的决定。

休假结束，再见面时她告诉我："我离开了两个星期，我没有查看邮件，也没有收听语音留言，但我的公司依然照常运转。你知道我意识到了什么吗？我不需要每天工作。我可以放慢脚步。我的公司并不会因此受到影响。不仅如此，不知不觉我感到自己容光焕发！"

休假意味着你有时间体验不一样的生活。将你的大脑从工作中抽离出来，你自然会焕发活力，做出更明智的选择，更合理地利用你的时间。

目 标

将保持健康的身体和良好的状态视为一件要事，并通过以下方法实现。根据你的实际情况，循序渐进。

方 法

深呼吸

1. 如果有人让你接受一个新任务，放下手头的工作，做几次深呼吸，看看你的日程安排再做决定。

2. 如果倍感压力，放下手头的工作，做几次深呼吸，再决定是否要接受那个任务。

3. 早上起床的时候，做几次深呼吸，告诉自己今天又是美好的一天。

4. 晚上睡觉的时候，做几次深呼吸，回想至少一件白天出色完成的事。

5. 如果感到困惑，请深呼吸！

睡 觉

1. 睡前 30 分钟关闭所有电子设备。即使不动脑子地浏览网页和打字，也会使大脑中的潜意识传感器处于兴奋状态，从而让我们无法入睡。

2. 不要在手机上设定闹钟，而选择一个真正的闹钟。

3. 保证每天有七八个小时的睡眠时间。最终，你会知道多久的睡眠时间能让你保持精力充沛。

4. 睡前两个小时内，可以喝水，但不要吃任何东西。这样既有助于减肥，也会让你睡得更香。

健康饮食

1. 听妈妈的话，每天都要吃水果和蔬菜。

2. 多在家吃饭。

每天走一走

1. 当发现自己犯拖延症的时候，出去走一走。

2. 每当想减压的时候，出去走一走。

3. 当感觉压力很大的时候，出去走一走，而不是暴饮暴食或者蜷在沙发上看电视。

4. 需要做出重大决定的时候，先深呼吸，然后出去走一走。

休 息

1. 当完成了一项任务后，休息一下，可以在屋子里跳一圈。

2. 当犯拖延症的时候，休息一下，起身把水杯接满。

3. 当因为久坐而屁股疼，或因为长时间打字而腰疼的时候，休息一下，散步 5 分钟。

> 不要暴饮暴食，多吃蔬菜。
> —— 米歇尔·波伦

度 假

如果需要在两者中做出选择，是继续工作以获得潜在机遇？还是休假去完成生活要事清单？你可以尝试一下后者，即使只在下个周末放半天假。为明年休假做个计划，至少确保两天休假。

策 略

Karoshi 是个日语词汇，意思是过劳死。长久以来，美国人总是拿日本人的职业道德开玩笑，当看到由于过度劳累而引发的患心脏病和中风的人数统计时，你会意识到过度工作、不好好照顾自己是多么严重的问题。

调查研究显示：

> 我们需要做深呼吸来放空我们的大脑。
>
> 我们需要 6 ～ 8 个小时的睡眠。
>
> 营养均衡能够保证我们身体和大脑的正常运转。
>
> 喝足够的水，可以让大脑更好地工作。
>
> 散步可以让我们放空大脑，更有创造力。
>
> 我们的大脑和身体都需要休息。
>
> 休假会让我们生活得更快乐。

你知道研究没有表明什么吗？将全部时间用于工作，你会赚更多钱，活得更开心——根本没有这种研究结论。

是的，你没有看错，你正在阅读的书是教你如何管理时间，提高效率。那么，我们为什么要在书中讨论如何好好照顾自己呢？

如果我们知道自己正在做自己擅长的事，就会很容易获得成就感。毕竟，我们应该有自信，对吧？但这种自信并不等于超负荷工作。超负荷工作意味着为了完成任务，让我们的身体和大脑得不到足够的休息、营养和照顾。

如果不把身体健康当作最重要的事，提高效率就无从谈及。

我再次重申：

如果你不把身体健康当作最重要的事，提高效率就无从谈及。

这是为什么呢？因为效率和时间管理都与思维有关——只有健康的大脑才能做出明智的选择。如果头脑不清晰，大脑就无法有效运转，那么你还是把日程表都冲进下水道、把日程管理软件都卸载吧，因为它们也救不了你。所以，照顾好自己、照顾好你的大脑至关重要。

毕竟，提高时间管理水平需要保持头脑清醒，需要照顾好身体和大脑。社会进步在很多方面可以确保我们提高时间管理水平，但要意识到这些进步都是"双刃剑"。

举例说明：

快餐十分方便，可以拿起就走，但却引发了很多健康问题，因为那些

> 过劳死有什么意义呢？
> ——塞萨尔·切拉拉，医学博士

食物缺乏营养，含有大量脂肪和合成物质。吃快餐可以节约很多时间，只需不到 10 分钟就可以吃到，而在家做饭却得准备 30 多分钟。但从长远来看，我们却要花更多的时间去减肥、看医生。

智能手机是个天才发明，它让我们实现了移动办公，但也会让我们患上拖延症，变得无法集中注意力。当我们不想处理工作时，会很自然地开始玩手机，忘记我们本来要做的事。智能手机也会打乱睡眠习惯，引发睡眠问题。我们习惯把手机放在床头，信息推送的声响或振动会让我们在夜里惊醒，使大脑和身体无法处于深度睡眠状态。随着阅读的深入，你会学到如何有效地使用智能手机，摆脱对它的依赖。

在咖啡店办公是件很酷的事，但实际上，依靠咖啡提神却放慢了大脑的运转速度。

在健身房健身可以利用各种器械，但单纯的散步对身体也大有裨益。

实际上，指望得到所有人的认可，我们将无法正常生活。我们总是答应别人的请求，牺牲自己的时间，因为希望得到所有人的认可。答应之前，我们并不考虑这件事是否对自己有利，或者是否和原先的时间安排相冲突。在做决定时，我们会受到各种情感因素的影响，从而迅速回应"没问题"——而没有考虑现实情况，也没有考虑决定是否明智。我们匆匆忙忙地给自己加了太多负担，唯恐别人因为被拒绝而讨厌自己。这又会导致我们的大脑超负荷运转，身体和精神都难有片刻放松。尽量多方面获取信息，暂停一切，做几次深呼吸，这样可以帮你更好地做决定，也帮你更好地利用时间。

加快进度，多做一些。"多做一些！"（这是《死亡诗社》里的台词）我们一般对自己的状态比较满意，但做到合理分配时间，做深呼吸，按时睡

> 争分夺秒地工作，如果我不反抗，那么心脏病离我越来越近。你不认为是时候做出一些改变了吗？
>
> ——克林特·布莱克《快行动起来》

觉，注意饮食，多喝水，多散步，注意休息的时候，我们才发现原来可以做得更好。大脑和身体需要充电——你晚上都会给手机充电，那只是个电子设备。而你的大脑和身体构造更为复杂，所以保证充足的睡眠至关重要。

最糟糕的是，如今，美国人的度假时间越来越少。难怪我们感觉如此疲惫！为了节约更多时间，你应该好好利用时间。

当我们疲惫不堪或生病的时候，我们就在浪费时间。我们总觉得没时间做饭或锻炼，但我们却不得不抽时间看医生或请病假。为什么不能保持身体健康，节省下这些"生病的时间"，更好地享受生活呢？

让我们多关注自己的身体。

具体行动

近一个月，南希一直实践着本章介绍的方法。每次想重蹈覆辙时，她都会提醒自己，以前的老路是让她身心俱疲的症结。在她关注自己身体一个月后，这些方法慢慢变成了习惯，不再让人头疼。当她的大脑全速运转时，可以更好地利用时间。

筹划你的下一步行动

▶ 你准备实践上述哪些方法？

▶ 你准备从哪儿开始？

▶ 你是如何落实这件事的？

▶ 你是如何从本章介绍的策略和方法中获益的？

▶▶▷ 第五章　冷静思考

　　我嫂子是夏威夷人，每隔一年，我哥哥（一个电梯维修天才）都会跟她一起去那里度假。上次从夏威夷回来后，哥哥对我说："我想搬到那边住。"从他说话的语气，我感觉他是认真的。他说："我们开始看房子了。"我知道他已经决定了。

　　我说："你的假期一定非常精彩！"

　　他说："在那里，生活十分悠闲。走五分钟就到海边了，食物也很新鲜，比洛杉矶好多了。"

　　"真棒！"我大声说，"如果你们搬过去，我们就有免费度假的地方了。"

　　我虽然支持他的想法，但还是问了几个关于搬家的问题。

　　"你在那边看的房子怎么样？"

　　"房子很贵。要买房子我们得贷很多钱。"

　　"你的住处离工作的地方有多远？"

　　"那附近没有高楼大厦。"

　　"你目前的住处离海边有多远？"

　　"差不多只要五分钟。"

　　"下次我去找你时，你会带我去街道那头的农贸市场吗？"

　　"当然。"

　　一周后，哥哥告诉我不打算搬家了。你看，在写下所有住在夏威夷的优点之后，他们意识到现在就可以享受到的所有优点，只是被看成理所应当的了。去年夏天，他们每周去三次海边，觉得自己家附近的食物同样也非常美味。在放大缺点之前，他们学会了珍惜已经拥有的东西，看到生活中美好的一面。他们会客观地看待每件事的优缺点，在做决定之前进行规划。这就是冷静思考。

目　标

每天都庆祝一下自己取得的成就，无论大小。在尝试改善生活时，先感恩自己所拥有的一切。在尝试改进不尽如人意的地方时，永远不要一开始就说："我什么都没做。"

方　法

在接下来几个月的时间里，每天（或至少每周）回想你生活和工作中的目标，或者为那些你认为很重要的事所做的努力。

第一轮问题，问问自己：

> 我完成了哪些任务，哪些值得庆祝一下？
>
> 我是否冷静地做出基于要事和目标的决定？（庆祝一下！）
>
> 我是否拒绝了那些对我无益的事？（庆祝一下！）
>
> 哪些行之有效？（庆祝一下！请继续保持。）
>
> 我的收获是什么？

至少想出一个积极的理由，让你鼓足勇气继续做自己认为重要的事。向目标进发，更充分地利用时间。这就是冷静思考。

接下来是第二轮问题，问问自己：

> 我遇到了什么问题？
>
> 为什么会出现这些问题？
>
> 我从中学到了什么？
>
> 今后如何避免这些问题的发生？
>
> 我应该多花些时间做什么？
>
> 为了挤出时间，哪些事可以不做？

多数人在反思自己的时候，都跳过了第一轮问题，没有回想自己所取得的成就，而是直接从第二轮的第一个问题入手。然后，他们会感到沮丧。伸出你的手，做一个胜利的手势，因为你冷静地思考了所有问题。这样做不仅让你变得更乐观，也会提升你的脑力，从而做出更明智的选择，更充分地利用时间。

如果你是一个团队的代表，或在某个团队里工作，那么每周末，希望你都要思考这个问题：

> 每个团队成员都取得了什么成就？

一定要让他们知道！在他们出色地完成一项工作后，或每周总结的时候告诉他们。如果每次听到的都是自己哪里做错了，他们会感到沮丧，失去为你全力以赴开展工作的动力。

现在，问问自己和你的团队：

> 我们遇到了什么问题？
> 为什么会出现这些问题？
> 我们能从中学到什么？
> 今后如何避免这些问题的发生？

不要让错误信息和缺乏交流阻碍工作，影响感情。在每周的例会上（第三部分"组建你的团队"中会详细阐述）或者其他时间，将这些问题消灭在萌芽状态。

策　略

我和丈夫有很多目标，其中一个对我们尤为重要，那就是每年至少出去度假一次。这会让我们充分放松，开心快乐，也会让我们的婚姻充满激情。这个方法屡试不爽。在国外旅游时，我们会幻想如果住在他乡，生活该是多么美好。

我们并不是唯一有这种想法的人。在与其他度假者交流时，我们发现他们也有类似的想法。

"住在这里会更好。"

"如果我住在这里，就不会出现这些问题了。"

"这才是理想中的生活。"

一走下火车，我就深深地陶醉于站台的浪漫气息中——熙熙攘攘的人群，巨大的天窗，一幢幢建筑美轮美奂……简直跟电影里的一样！我想定居在这个小镇！

但无论到哪里，你都会发现那里的上班族和你现居地的上班族并无差别。这是为什么呢？因为他们并不是在度假。

俗话说，这山望着那山高。与其羡慕别人，不如努力让自己变得更加优秀。

这与提高效率有什么关系？反思有助于提高。如果我们一味追求不切实际的梦想，不了解自己的实力，那么最后只会无疾而终。很多时候，我们在追求一些无益的或已经拥有的东西，这会浪费我们的时间和资源。如果我们什么都想要，最后就会失望而归，被现实击败。

当然，也要知道哪些事情有待提高，了解失败的原因，及其对进步的重要作用。但这些并不是应该优先考虑的问题，因为我们忘记了自己取得的成就，无视自己的优点。我们总是忙忙碌碌，忘记反思自己走过的路。我们忘记庆祝自己的成功，忘记为取得的成就欢呼雀跃。我们错过了汲取经验的机会，也未能想出更新更好的方法。我们的成就被掩盖，直到有人无意间说出我们的优点，我们才恍然大悟："对，是这样。"我们过于关注未完成的事或做错的事，从而否定自己，却忘记为自己取得的每一个成就喝彩。长此以往，我们会丧失斗志。

如果我们不学会冷静思考，总是关注那些仍未完成的事，那么就起不到激励的作用。过度关注曾经犯的错误会令人沮丧。比如说，每天晚上你对自己说："我只做了……"这听起来会让人斗志全无。

关注已经完成的事，你会发现自己做的比想象中要多，而你却不认可自己。关注取得的成就，你就不会再消极地说："我只做了……"因为你意识到这样做并不客观公正。

如果你有记日记的习惯，你会知道这样做有治愈效果。如果你讨厌写东西，那就配合我简单地写下你的一些想法。你会发现读出写在纸上（或者屏幕上）的想法时，出现了意想不到的惊喜。这些写下的文字和你头脑中的想法似乎截然不同。突然间，你发现在说出并写下想法的同时，也找到了问题的解决方法。

如果不能每天反省自己，那么至少做到每周一次，这至关重要。以我自己为例，从日程安排来看，周五是最美好的一天。一周结束了，我可以做个深呼吸，回顾一周里发生的事。只要完成了一件事，无论大小，重要与否，我都会为此欢欣雀跃。让我们击掌庆祝吧！以下是我上周完成的事：

> 洗了衣服并叠好
>
> 去超市时带了环保袋
>
> 周六下午和老公一起做饭
>
> 完成了一项长期任务的部分工作
>
> 在达拉斯的一个会议上用我的"杀手理论"震撼全场

回顾成就之后，还要看看哪些方面需要改进。我对某些存在问题的任务做了必要的修改。在周末想好如何修改，这样下周一就可以付诸实践了。在反思过程中，我修改了下周的计划，规划了周一要做的事情。

你可以在周六或周三来做这件事。重点是，找一天好好反思自己。你需要考虑：

> 取得的成就
>
> 吸取的教训
>
> 出现的问题
>
> 做出的改进

去年，我开始用电脑记录取得的成就。与团队开每月例会时，我都会打开这个文件。多关注取得的成就比只关注缺点要让人振奋得多！

我们习惯将自己一分为二，将优点和缺点进行明确区分。这也是为什么我反复强调我们必须首先回顾自己的成就，无论大小，要认同自己。

筹划你的下一步行动

▶ 你会在哪一（几）天反思自己？

▶ 你会在哪里反思？

▶ 你如何保证一定进行反思？

▶ 你是如何从本章介绍的策略和方法中获益的？

▶▷▷ 第六章 会面：与改变相约，走出舒适区

当朱莉（看儿子棒球比赛时还一直忙于工作，从而错失了儿子的第一次本垒打）尝试按照我们方法去做时，她坦言，感觉有点不适应。她说："这些提倡保持头脑清醒的理论对我来说有些奇怪，似乎是空洞的理论。还有放下一切去做深呼吸？谁会那样做？"

她还说，在做决定之前看一下自己的要事清单和目标清单确实很新鲜。她坚持了两天，但还是不习惯。因为感觉这样做有些奇怪，所以她放弃了。

我问她错失儿子的全垒打时感觉如何。"糟糕透了。"她回答。

"你想一直处于这种状态，错失更多的精彩瞬间吗？"

"不！"

"如果你不想这样，那么你需要怎么做呢？"

她迟疑了一下，深吸一口气，说道："我需要改变。"

> 不满足是进步的首要条件。
> —— 托马斯·爱迪生

目　标

明确哪些事令你不适，按我的方法做出改变，且坚持至少三周。

方　法

1. 明确自己尝试新鲜事物时，何时会感觉不适。

2. 为你的不适感到欣喜，这意味着你离改变又近了一步！

3. 在每周进行反思的时候，回顾自己的变化。

4.尝试这些新方法或工具，至少坚持三周，然后再决定是否放弃。

策　略

人们在尝试新鲜事物时，若开局不利，就很容易放弃。

人们会产生恐惧感，认为对所做的事没有十足把握，不知是对是错。

> 所有进步都是在舒适区外发生的。
> ——米歇尔·约翰·博巴克

人们拒绝尝试新鲜事物，因为会感到不适应。

不适是一种抽象的感觉，朱莉和其他客户很难用语言来形容这种感觉，也说不出这种感觉出现的原因。他们只是感觉尝试新的策略方法时，会出现与以往不同的感觉。所以在尝试了几天后，他们会选择放弃，可能只是因为与以往不同，就又走回老路。

改变很少能够速成。开始时，你会觉得很煎熬，因为从未这样做过；你会觉得不自然，因为并没有养成习惯，必须要强制自己去做。但你必须坚持，因为一旦放弃，就会重蹈覆辙，重回你的舒适区，继续那些无效的方法。改变的过程可能会很艰辛，因为你需要付出努力去养成一个新的习惯，这可能需要几周的时间，或者更长。

改变可能很可怕，但当你下定决心，坚持去做，并最终成功时，你会欢欣鼓舞。这是你取得的成就。你对眼前的处境充满恐惧，想要逃避，但不要羞于改变，要渴望体验改变带来的成就感。不要让恐惧左右你的想法，要期待改变带来的成功。

所有这一切都与你的思维有关。

人们习惯于墨守成规，无论所坚持的事是否正确。一旦尝试新鲜事物，我们的大脑就会进入紧张状态，因为我们离开了舒适区。所以，如果解决问题会让你有些不适，做几次深呼吸，然后基于要事清单做出你的选择。恭喜你！这样棒极了！因为你已经开始改变了。

倘若你将本书介绍的提高效率的策略和方法付诸实践，要记住，在你勇于尝试的过程中会感到不适，要享受这种感觉！

如果你体会到这种感觉，意味着你又前进了一步。庆祝一下，因为我们介绍的这些策略和方法会帮你保持头脑清醒，做出更加明智的选择，也能助你更合理地利用时间。

具体行动

朱莉感到了改变带给她的不适，但她每天都会庆祝，因为她又做出了一些积极的改变。她发现自己更成功了，因此，她继续坚持着。

筹划你的下一步行动

▶ 你是否在做出改变时感觉不适？

▶ 如果是这样，你准备如何克服？

▶ 如果完成改变了，你会如何奖励自己？

>> 第二部分

提前规划，随机应变

若想取得时间管理革命的胜利，
你的日常工作应具备五个要素

第七章 一切尽在掌控：提前规划，
随机应变，防止混乱

下面我将与你分享一个客户的旅行经历。还记得我在第四章提到的南希吗？她总是面带笑容，关心他人，十分讨人喜欢。她是个工作狂，时常加班，做很多工作，却总感觉自己一事无成。在第四章中，我指出她的问题在于没有好好照顾自己。此外，她还有注意力障碍和拖延症，总感觉自己被琐事所打断，导致无法完成主要工作。

我打算观察她的工作状态，因此和她约在办公室会面。我悄无声息地坐在一旁，如同墙上趴的一只苍蝇——当然，比喻成苍蝇不太恰当，我更像一个坐在角落的人体模型。南希总是希望做到一心多用：边接打电话边阅读邮件，边归档文件边核对资料，边接听语音边编写邮件。她手头有一个重要项目的截止期限将至，可还有一多半的工作没有完成。即便如此，她还在读着一封介绍某会议参会人员的邮件，而那个会议两个月后才召开。她在那个"兔子洞"里待了20分钟，然后握着咖啡杯愣了几分钟。后来，她对我说，就在那几分钟里，她陷入了恐慌，因为知道自己还有无数工作和文件要处理，却不知如何下手。

从策略层面来说，安排一天的工作就是在做时间规划。你应该合理利用时间，妥善安排工作（我们在第二部分将会探讨），让大脑阻止你做无效率的事。

南希意识到自己像无头苍蝇一样毫无计划，这对她的工作毫无裨益。她需要一个清晰的规划，只有充分利用时间才能节约更多时间。

她知道必须提前规划，还要根据实际情况及时做出调整。

她领会了"CIA 三部曲"中 I 的要义：提前规划，随机应变。

天哪，这两条要求难道不是相互对立的吗？

是的，这听起来不可思议，但我们必须做到提前规划，随机应变。我们需要了解如何处理文件，如何与客户沟通，如何针对任务目标准备应急措施，如何利用移动办公设备等。我们要基于目标做好时间规划，也要根据实际情况进行修改，这样才能顺利完成所有工作。如果我们固守计划，不懂变通，那么一点小变化或突发的小状况都会让我们手足无措。以托尼·谢尔博在《神探阿蒙》中扮演的侦探阿蒙为例，他对工作和生活中的每件事都做了详细的规划，一点偏差都会让他陷入恐慌。我赞同凡事要有规划，但我们也要学会随机应变，以适应那些突发事件。

武学宗师李小龙认为，我们应该像水一样，可以灵活适应环境。他说："我们要像水一样无形。你把水倒入杯中，它就有了杯子的形状；倒入瓶中，就有了瓶子的形状；倒入茶壶中，就有了茶壶的形状。水可以根据不同的环境改变自己的形态。我们要学习水的特质，随时根据环境调整自己。"

作为时间管理革命的先锋，你需要提前做好规划，也要随时根据需要做出改变和调整。

2013 年 1 月 20 日，米歇尔·奥多纳在《旧金山纪事报》上发表的一篇文章中提到，曾在电影《谍影重重 4》和《复仇者联盟》中有出色表现的演员杰瑞米·雷纳总有做不完的事。他要出演电影，亲自制作电影，创作音乐，装修房子。

这些事情都不是短时间内可以完成的，都需要长期的工作和大块的时间，过程也很复杂。

奥多纳问雷纳是怎么完成这些事情的，雷纳说："灵活处事。"

起初，我担心他会回答："我就是跟着感觉走，没有任何计划，随心所欲。"

他"灵活处事"的回答让我喜出望外。在解释他理解的"灵活"时，他说："灵活就是要做好充足的准备，当某件事行不通时，要学会放弃。遇到困难要灵活多变。"

如今，南希仍然没有完全摆脱拖延症，但她把每天拖延的时间从几小时减少到了几分钟。每天，她会首先完成那些枯燥的任务，这样可以最大限度地避免拖延症的出现。为了解决注意力障碍问题，她会设一个定时器，保证15分钟全神贯注的时间。每天晚上，她都会写下第二天的任务清单，把注意力集中在必须完成的工作上——她变成了改革先锋。她意识到，若 A、G、E、N、T 五要素中的任何一个出现问题，就要及时做出改变。在本书的第二部分，我将详细介绍这五项任务，每个人都应该有所了解。

再次重申（注意：我正在给你洗脑），我们必须井井有条地做好工作规划，还要需要根据实际情况做出相应调整，这样才能顺利完成每一项工作。

作为时间管理革命的先锋，我们必须做到提前规划，随机应变；要具备掌控力，也要懂得改变。我的日常工作需要具备五个要素：

A（Assignment and Task Completion）——完成工作任务

G（Go-Bag and Work-Space Layout）——制定应急措施，布置办公场所

E（Electronic Communication）——电子通信

N（Notes，Document，and File Management）——文件管理

T（Time Protection）——节省时间

这五个要素在日常工作中无处不在，可以让你的大脑掌控一切。遵循第二部分介绍的策略和方法，你可以成功处理这五个要素。当你有能力掌控一切，并对工作有了深刻了解之后，就可以灵活处理与技术或人有关的问题，让你的计划顺利进行了。

我们不是机器人，但我们也需要提前做好规划。只有这样，我们才有时间做自己喜欢的事，处理突发事件，尽情享受生活！

完成第一部分的任务之后，请保持头脑清醒，你会发现继续完成时间管理革命的第二部分内容变得简单多了。

准备好了吗？让我们行动起来：提前规划，随机应变！

完成工作任务

第八章　高效管理长期任务

苏珊是位顶级顾问。全世界知名的公司和机构都希望雇她工作。她总是泰然自若，从不发火。无论是在个人咨询、集体培训时，还是在研讨会中，她都能给出正确的建议。

然而，苏珊自己的生活却是一团糟。她一直在努力平衡工作和生活，却总是处于工作状态。她欣然接受所有任务，不会讨价还价。她一周甚至一年的档期都被排满了，为了完成某个项目介绍或会议准备，她经常工作到深夜两点。

她总说时间不够用。

目　标

当你接受一项任务后，尽快在日历中注明每一步所需要的时间。

方　法

1. 拿出纸和笔，或者新建一个空白文档。

2. 在最下端写上截止日期和所需要完成的任务。比如：

6 月 25 日　项目介绍

3. 列出完成任务的步骤。

4. 在每一步旁边写下应花费的时间。

5. 为每一步留出额外的时间，以防有人不能按时完成任务，正如墨菲定律一样。

6. 从简单的任务开始，基于所需时间，设定完成每一步的截止时间。

7. 现在，在日历中标出完成这些任务的时间节点。

8. 与任务涉及的每个人商讨完成任务所需时间。

策 略

你知道哪天过圣诞节吗？

即使不过圣诞节，你也知道圣诞节是每年的 12 月 25 日。这个节日从公元 4 世纪就兴起了。为什么人们总会在圣诞节的前一周惊呼："天哪！下周就是圣诞节了！我还有好多东西没有准备呢！？"

虽然知道圣诞节即将来临，但他们没有列出待办事项，也没有规划这些事项的完成时间。所以，对圣诞节的渴望和激动就被烦躁和愤怒所取代，最终可能会度过一个糟糕的节日。

同样，很多人在大项任务面前也是如此，从未深思熟虑，所以不知所措。茫然过后，他们会觉得自己无法胜任工作。一旦这种思想占据上风，大脑就会开始停转，无法做出决定，情况很快就会变得一片混乱。

认真做好规划十分重要，不要盲目开始。

> 这项工作的目标是什么？
>
> 完成这项工作需要哪些步骤？
>
> 每一步需要使用哪些资源？
>
> 每一步涉及哪些人？
>
> 每一步需要多长时间？

把某个大项任务分割成许多小任务，会更容易管理。以 2012 年圣安东尼体育基金会赞助的青少年长跑比赛为例。青少年马拉松的总长度为 26.2 公里，这对孩子们来说是很长的距离。如果你只有 5 岁，那么似乎一辈子也跑不完这段距离，你也不想去尝试。但这个赛事并不要求幼儿园中班的孩子们在一天内跑完全程，而是分段跑完。孩子们可以每天跑一点，直到跑完 25.2 公里；在圣安东尼摇滚马拉松周末赛事上，孩子们会一起跑完最后 1

公里。

孩子们虽然没有一次完成26.2公里的比赛，但最终还是跑完了全程。所以，完成的方式已经不重要了。

你可能会说："他们是孩子，以这样的方式跑完全程已经很好了。但对成年人也会这样要求吗？"接下来，看看适用于成年人的例子，比如完成项目演示这项工作：

6月25日，你要做一个项目演示。

你是否需要上传幻灯片或资料，以便提前分发给与会者？如果需要，什么时候完成这项工作？

无论是否需要提前上传材料，你都应该提前一天准备好，这样才有时间解决技术性问题。

你需要提前检查一遍幻灯片或者资料，确保准确无误。

在走流程时，你需要准备好幻灯片（或其他软件）。

做幻灯片前，你需要准备好图表，选择好样式。

在美化幻灯片前，你需要填充好内容。

在挑选内容之前，你需要知道想传递什么样的信息。

在你做决定之前，你需要确定目标。

在确定目标之前，你需要与乙方代表就最终目标进行沟通。

你看，有很多事情要做！的确如此，每个项目都包含很多工作。我们还没有计算完成每一步需要的时间、材料、资源、人力。

因此，你应该考虑方方面面的需求，并做出具体规划。之后再考虑其他任务或与别的客户会面。你的任务清单应该是这样的：

5月24日：确认幻灯片演示时间，制定时间表，告知对方你的计划，以及对方的责任期限——用时30分钟。

5月25日至27日：与团队成员探讨，确定目标——用时3个小时。

5月28日至6月3日：确定幻灯片内容——每天用时1小时。

6月4日至11日：汇总幻灯片——每天用时1小时。

6月12日至14日：完成图表，确定样式——每天用时1小时。

6月14日至15日：对1小时的幻灯片演示进行预演，至少3次——用时3小时。

6月16日：对资料和幻灯片进行最后的修改——用时2小时。

6月17日：完成资料和幻灯片制作——用时1小时。

6月18日：上传资料和幻灯片——用时30分钟（虽然正常情况下只需要5分钟，但考虑到技术故障，比如文件无法下载、服务器死机、网络无法连接，等等）。

6月18日至24日：对1小时的幻灯片演示进行预演，至少7次——用时7小时。

6月24日：放松——用时4个小时。

6月25日：正式演示幻灯片——全天。

6月25日：放松——可以晚些回家。

6月26日：汇报，完成演示的后续事宜。接电话，回邮件，回信息——用时3小时。

准备这项工作整整耗时一个月。（你现在理解那些顾问和讲师为什么要花那么长时间来准备一个小时的演示了。）如果你不想周末加班，那就要好好规划你的时间。

这就是为什么仅在日程上写下"完成某项目"是无效的——太宽泛了。你看着它，然后会对自己说："我以后再做吧。"因为你的大脑并不知道从何处入手。突然间，你发现第二天就是最后期限了，然后对自己说："天哪！我要完成这个项目！"你会感觉压力很大，让所有一切为这个"紧急任务"让路。你很可能会熬夜加班，也很可能暴饮暴食导致体重增加，或者因为没有时间做饭而吃垃圾食品。你还可能感到烦躁，从而对最亲近的人态度恶劣，甚至发生争吵，这样自然不利于生活和睦。

如果你的工作不需要做演示幻灯片，那也没关系。你也可以将这种思维用于公司预算、产品介绍、营销计划，以及策划假期等方面。如果从事与零售业相关的工作，你也可以应用这种思维。无论身处哪种行业，做好规划总是大有裨益。如果你今后要完成类似的工作，可以有所借鉴。

你厌倦了匆匆忙忙的状态，所以开始读这本书。想要减轻自己的压力，就必须做出改变。合理规划，节省时间，保持身心健康。用 15 分钟到 30 分钟做好项目规划，实际上会节省出更多时间，也会减轻自己的压力。

一旦确定了任务，就应该尽快在日程中标出完成每一步所需的时间，这是非常重要的。确定时间后，你就可以在必要时切换工作了，因为那并不影响你按步骤完成任务，也不会让你感到手忙脚乱。

具体行动

苏珊做出了很多改变，但这些改变并不是一蹴而就的，而是通过不断的努力在 6 周内完成的。

她遵循"CIA 三部曲"中 C 提示的策略和方法——保持头脑清醒。

接着，再专注于"CIA 三部曲"中的 I——提前规划，随机应变。

值得一提的是，她重视 AGENT 中的 A 和 T 要素。当任务来临时，她会先制订计划，以保证在规定时间内完成任务。她会将这些任务细分成各个步骤，将每一步的时间节点写在日程表上。如果有其他工作或者机会出现，她会根据自己的安排再决定是否接受。

她发现，因为担心收入减少，自己一直将日程安排得满满的，其中包含很多不可能完成的任务。繁重的工作实际上降低了她的收入，因为工作对她的身体、精神以及婚姻造成不利的影响，迫使她花费更多的时间和金钱去寻求医疗援助。

不难发现，如果苏珊放慢脚步，就可以获得同样甚至更大的收益。

从容不迫才能更好地节约时间。

提前规划，随机应变。

> 创造利润不应该以牺牲健康为前提。
>
> ——海伦妮·塞古拉

筹划你的下一步行动

▶ 没有制定详细的规划对你有何影响？

▶ 为长期目标进行时间规划对你有何益处？

▶ 不同的任务有不同的时间节点。你是否已经为每一项任务设置了时间节点，并把它们标注在了日程表中？如果还没有，你会从哪项任务开始？

第九章　在 24 小时内完成任务：把待办清单变成已完成清单

蒂姆是一名财务顾问，在一家大型国企上班。他必须遵守各项规章制度，按照要求在规定的时间内完成各项工作，但可以自行确定每天的日程安排。

他知道自己需要做什么。他既要给陌生人打电话推销产品，也要给那些有过接触，或在社交活动中见过面的人打电话。他必须提前准备报价和案例，因为需要和某些客户进行面对面的交流。他还得跟进现有客户，确保他们的需求得到满足。他希望一年对客户至少进行一次回访，以便更好地了解他们。

他需要做的工作很多，通常有 20 多项。

一天早上，我坐在旁边观察他的工作状态。他在员工休息室和同事边打台球边聊天，可能在回答其他规划师的问题，或者只是闲聊。此外，他还一边填写各类表格，一边随意翻看电子邮件，整整用了两个小时。

蒂姆知道要做什么，但却没有做。他说因为没有时间。

目　标

要承认，即使你生活充实，事业成功，也会有很多待办事项。

方　法

每天下班前，选出第二天最重要的三项任务，接着再选出三项次重要的任务。这些就是你的 3+3 任务。

1. 在纸质日历或者电子日历上，标出第二天的要事。

2. 看看下周的日程安排。

3. 回顾你在上一章中写下的完成任务的时间节点，再看看你未来 5 ～ 7 天的安排，在写下新任务的同时，也写下具体完成时间。

4. 确定第二天要做的 3+3 任务。按照其重要性在日程表上进行标注。

5. 每月留出两个半天进行 CHOP 工作，从日程表中画掉那些恼人的事。

策　略

真正想要做的事情总能完成，请每天制订 3+3 计划。

3+3 背后的哲学

先做几次深呼吸，跟我一起吸气，呼气，吸气，呼气。

我们总有做不完的事。即使生活充实、事业成功，我们也会发现好多待办事项。这是必须接受的客观事实。如果哪天发现无事可做，就证明我们已经被淘汰了。所以有事可做是件值得庆幸的事！

如果你被各种任务压得喘不过气来，就准备好每天制订 3+3 计划。我们每天都在努力工作，却发现要做的事并没有减少，经常在完成手头上的任务之后又发现了新的任务，这真的令人沮丧。列出一段时间内的工作清单的确是个办法，若列出更简短的每日工作清单，我们会感觉更加轻松。此外，将已完成任务从清单中画掉也是一件令人激动的事。

你会遇到一个问题，那就是，在清单上列出了所有任务，却没有足够的时间完成。看着自己列出的 25 件待办事项，以及分配给每个任务的时间（比如，用 20 分钟做这件事，用两个小时做那件事），你会发现自己不可能在一天内完成所有任务，因为你每天还有例行公事，还希望保持自己喜欢的生活方式。

> 如果你不知道要往何处航行，那就无从知晓哪种风向对你有利。
>
> —— 卢修斯·安娜斯·S. 塞内卡

如果我们能够确定第二天最重要的三件事，就又向成功迈近了一步。

如果清单上只有三件事，就很容易完成，我们可以在完成后击掌庆祝："太棒了！我完成任务了！"你把精力集中在这三件事上，即使被某些突发事件打断，也很容易重回正轨，投入要做的三件事上。

你可能会说："别逗了！我每天要做的事何止三件啊！"确实如此。你还要查看邮件，打电话，做其他的工作，等等。对你眼前的工作而言，这些事并不是最重要的，却耗费你很多时间，有时甚至是一整天。确定最重要、最有价值的三件事，这样就不会在没有价值的事情上浪费太多时间了。

确定三件最重要的事和三件次重要的事以后，给自己一些奖励。顺利完成三件最重要的事以后，庆祝一下，接下来再开始做剩下的三件次重要的事。如果三件最重要的事都进展不顺利，比如，现实与设想大相径庭，或网络连接不上，或得不到满意的答案，或大家都精疲力竭，那么你可以暂时放下这三件事，转向三件次重要的事。通常情况下，如果遭遇不顺，我们会感到气愤，心情糟糕，不知所措，因为事情没有按照预期发展。先做三件次重要的事，你就可以重新集中注意力。即使与预先设定的顺序相反也没关系。

确定 3+3 任务的目的是让你有效地拖延。若不想做第一件和第二件事，你可以暂时逃离，去做些别的事情，这样可以让你避免漫无目的地查看邮件，浪费时间做与工作无关的事，同时可以让你继续保持工作状态。

只把重要的任务列入清单

如何确定 3+3 清单？从你近期要做的事情开始。（现在拿出上一章制定的工作时间表，请参考上一章内容。）接下来，请考虑以下三个问题：

第一，哪些任务是"重中之重"？

必须要完成这些任务，如果没有完成这些任务，你的生活会变得糟糕透顶。

第二，哪些任务是"要事"？

如果完成了这些任务，至少你和家人的健康会得到保障，你将拥有稳定的工作和收入，维持现有住房和办公条件。完成这些任务，你至少会保持现状。

第三，哪些任务是"次重要的事"？

如果完成了这些任务，你的收入会增加，住房和办公条件会改善，工作或生意更上一层楼。如果完成这些任务，你会处于领先状态。

让我们回想一下，哪些事耗费了你很长时间，却又不属于以上三类的？

随着效率的提高，你会发现需要完成的"重中之重"越来越少，你拥有更多的时间去完成那些"最重要的事"，后来，也会有更多时间去完成"次重要的事"。很快，你就不必当天制订第二天的计划了，你可以提前几天，甚至提前几周开始规划接下来的工作了。

做好时间规划

无论要完成什么任务，都必须做好时间规划。每天晚上，用 30 分钟想想已完成的工作，以及第二天待办的工作，列出你的 3+3 清单。

为 3+3 清单上的每件事都做好时间规划，额外留出 25% ～ 30% 的时间，以防你高估了完成效率。就我自己而言，我会额外留出 50% 的时间，因为我是个完美主义者，希望有时间解决问题，并把握住意想不到的机会。如果我觉得完成一件事需要 60 分钟，就会实际给自己留出 90 分钟的时间。

制定时间规划有助于你了解每项任务所需的时间，无论重要与否。如果你想修正计划，没有问题。要做到既能提前做好规划，又能根据实际情况做出改动，之后仍有足够的时间去完成任务。

确保万无一失

我们惯于事后批评自己，或为往事而懊恼，实际上那都是在浪费时间。每天晚上列出第二天的 3+3 清单，它会帮你消除忧虑，节省时间。最好准备一个备份计划，每月抽出两个半天处理 CHOP，这可以帮助你实现目标。你会在 CHOP 日处理哪些工作？很高兴你提出这个问题！

C（crap）——无意义的事

H（highly hay）——引发混乱的事

O（odds and ends）——琐碎的事

P（piddly stuff）——无关紧要的事

这些任务很无聊、很困难、很麻烦，无法按时完成，因为你还没下决心去做，或者不想做，因为实在太麻烦了。

这些任务每天都在待办事项清单上，虽然不是什么要事，但最终还是要完成的。认真做好时间规划，你会发现可以画去那些不想做的事，甚至将它们永远排除在清单之外，因为它们真的无足轻重。这可以帮你摆脱那些任务给你所造成的心理负担。最后，你可能每周只需一个小时处理 CHOP，而不是每月耗时两个半天。

你无须记住 CHOP 中每个字母的含义（比如，"highly hay"，我用这个词来表示可能引发混乱的事——你肯定有过这样的经历，可能是因为一句话引起了大麻烦）。记住画掉那些不必要的事，因为它们会耗费你的精力，让你感到筋疲力尽。

> 那些阻碍你达成目标的事最好是重要的事——它浪费了你一天的生命！
>
> ——尼都·N.奎贝恩

确定你的 3+3 清单，看看哪些事是没有时间去完成的，这会帮你决定哪些事需要向他人求助或交办给别人。在第三部分"组建你的团队"中，我们将讨论如何去做。

如果你说："天哪！谁会这样做规划？"我能够理解。刚开始这看起来是有些令人恐惧的。

但是，一旦你意识到生活越有规划，享受生活的时间就越多……

你越有规划，处事就会越灵活……

你越有规划，危机对你的影响就越小……

你越有规划，内心就会越宁静……

慢慢地，它就不会让你感到恐惧和不安了。

它会让你充满力量！

具体行动

蒂姆每天都用 30 分钟确定第二天的 3+3 清单。他并没有重新安排日程。在最开始的几天里，他每天都要和客户一起开会，这是早就计划好的。他发现这也在他的清单上。最终，他可以省出一些时间去处理其他事项了。

起初，蒂姆要挤出时间去执行每个繁杂的步骤，但在养成将每一步的时间写入日程的习惯之后，他解决了时间短缺的难题。

他会先联系东海岸的业务，因为那边的工作日结束得最早，然后再联系西海岸和夏威夷的业务。（在处理欧洲、非洲、大洋洲、亚洲的业务时，也都要根据时差确定最佳的电话会议时间。）

蒂姆摒弃了冗长的、没有明确时间安排的任务清单，利用日程安排软件确定 3+3 任务清单。他把精力集中在要完成的任务上，还开启了提示功能。他依旧善于交际，但是对打台球和与同事聊天的时间做出了规划，确定了用于交际的时间。他可以按时完成每天的工作，因为不再长时间地查看收件箱了，对处理邮件的时间也做了规划。他的万全之策就是每周五下午留出一个小时处理 CHOP，这可以让他消除所有顾虑，好好享受周末时光。

蒂姆做到了妥善处理每件事。

筹划你的下一步行动

▶ 你在什么时候确定第二天的 3+3 清单？

▶ 现在，你还是拿着一个冗长的任务清单吗？还是每天完成那个清单中的几项任务？

▶ 你的哪些现行措施奏效、哪些不奏效？

▶ 基于本章内容，你会做出哪些改变，为什么？

▶▶▶ 第十章 设置提示，不再忘记

朗达是一名社工，在一家非营利机构工作。她的职责主要是组织集体会议和个人会议。她记录下与客户的每次沟通，然后整理成文字，并上报到州县。她的客户多数是短期的，因为有些人中途退出，几个月后才会重新加入，她需要先删除这些人，然后追踪他们，最后再重新让他们加入。

朗达最担心自己因忘事被炒鱿鱼。每天，这种恐慌状态都会多次出现，每次持续十分钟左右。

目 标

利用备忘录和提示程序防止忘事，让自己不因事后自责而浪费时间。

方 法

创建一个备忘录，记录下每天需要完成的任务。

每周：

1. 回顾这一周出色完成的任务。

2. 检查备忘录，查漏补缺。

每天：

1. 好好利用备忘录。

2. 让同事进行二次检查，关注难度较大的任务和新情况。

3. 每天晚上确定第二天的 3+3 清单。

4. 启动提示程序，提醒自己。

策　略

内心的担忧和恐慌会阻碍你的工作。如果出现如下情况，说明你可能已经遇到了阻碍：

反复查看工作安排，害怕自己忘事。

每完成一项工作，都想回头检查是否有未尽事宜，甚至不愿继续下一步工作，唯恐在工作中有所疏漏。

时常停下工作，回想昨天、前天或上周的情况，怀疑自己遗漏了某些工作。

偶尔失去时间观念和存在感，因为大脑中充斥着担忧和恐惧，各种可能性时常冒出。

这些情况会浪费你更多的时间。

> 担心就是胡思乱想。
> ——麦克（蒂姆·罗宾斯饰），电影《谢谢分享》

你总是被焦虑和紧张包围，可能因为没有对工作进行规划，也可能因为一些杂念让你苦恼，还可能因为在顺利完成每项任务后并没有给自己带来足够的认同感。

把全部日常待做工作写入备忘录

把全部日常待办事项写入备忘录，你的工作会更加有序。在备忘录中写明所有步骤，即使那些步骤不重要。这样，即使你有健忘症，也能在它的帮助下顺利完成待办事项。备忘录中还要体现"签字"和"写日期"之类的无脑工作，甚至那些每周至少重复十次，已经牢记于心的动作也要记录清楚。当工作缠身时，备忘录可以帮你保持全神贯注的状态。

备忘录就是你的新伙伴，无时无刻都与你同在，帮助你顺利完成任务，消除你忘事的烦恼。如果想要确保万无一失，可以请你的助手或同事对较重要的任务提前进行二次核查。

积极解放思想，确保万无一失

工作能力强的人时常会冒出很多想法——如何沟通帮客户解决问题，如何抓住下一个巨大商机，如何策划下一个营销计划，如何写一篇博人眼球的博客，如何设计最不可思议的产品，如何创建最理想的团队，等等。他们的想法源源不断。但当他们总是被强行灌输很多东西时，便总是害怕忘事，种种担忧导致伟大的想法和计划都会被禁锢起来，留下的只有忧虑。

如何解放大脑，将这些想法呈现出来呢？我建议客户至少每周解放一次思想，有睡眠问题的客户可以每晚进行一次。把头脑中所有想法都记录在笔记本、手机或电脑上。优化你的大脑，为创造力让位。有了创造力，你的那些想法才能得以实现。记下所有想法可以帮你摆脱忘事的烦恼。

你需要知道：

> 什么事会让你激动？
> 什么事会让你担忧？
> 明天要做什么？
> 某天要做什么？
> 所有萦绕在你脑海中的事。

你可以把所有想法写在一张纸上，也可以分类列出清单。如果你感觉头脑中有很多的思想活动，那就把它们都写下来。在确定3+3清单时也可以应用解放思想这个办法。

利用提示系统，确保万无一失

我觉得叫它"第五元素备用系统"比较恰当。（向电影《第五元素》致敬，该电影由布鲁斯·威利斯主演。）你已经创建了一个任务备忘录，请每天晚上冷静地回顾当天工作，并让同事帮你核查一些难度较大的任务。然后在列3+3清单时，仔细规划第二天的任务。这个方法能帮你在工作中避免疏忽，即使出现也可以及时发现，加以弥补。还有一个方法就是利用提示系统（也被称为"第六感"，布鲁斯·威利斯的粉丝们比较喜欢这种说法），我们可以利用哪些提示系统呢？

日历：如果你使用电子日历，它会自带提示系统。

应用程序：各种记事软件，如：Remember the Milk、Evernote、Toodledo。

客户关系管理软件：该软件包含任务管理和提示系统，你可以对文件进行设置。若多人合作完成某项任务，成员们可以通过该软件了解其他人的实时进展，以及下一步工作的开展情况。

助手：在打开电脑之前，秘书会提示老板当天需要完成的工作。如果你有行政助手，你可以让他／她来完成这项工作。

电子提示系统会通过发送邮件或信息来提示你。请注意，系统应该在工作截止前或会议开始之前提示你，而不是在最后一刻。例如，如果你在下午两点前需要完成某项工作，那么在两点时收到的提示就毫无意义。第八章"高效管理长期任务"中介绍的方法可以帮你分解任务，设置不同的提示。如果手边没有长期任务，那就参考下面的案例，做好单一任务的时间规划，并设置提示。

任务：

4月18日，星期三，中午至下午1：30——与财务顾问共进午餐

任务＋提示：

4月18日，星期三，下午1：30至1：45——汇报席间提及的事项

任务＋提示：

4月18日，星期三，上午11：30至中午——动身前往餐厅

任务＋提示：

4月17日，星期二，下午3：00至3：30——准备第二天午餐会面所需材料

任务＋提示：

4月16日，星期一，上午8：00至8：05——发邮件确认第二天中午的会面

你不仅设置了提示，还将时间规划列在了日程安排上。

停止幻想！

不要担心想象中的情景，将精力集中在可以掌控的事情上。如果完成了3+3清单，你就明确了自己的目标，大脑就可以回归正轨，而不会杞人忧天。如果设置了本章介绍的提示系统，你就拥有了五重保险，更无须担忧了。如果还是担忧，就问问自己：这种担忧有用吗？

你的大脑会回答："没有用。"这时候，你应该对自己说："是时候将精力集中在手头的工作上了。"

无论取得了多少成就，都要及时庆祝。顺利完成这些重要的事情后，你就会更有自信，也可以有效地消除事后对自己的批评和怀疑。

具体行动

朗达听取了我的建议，记了一周日志，她发现自己每天都有30分钟处于焦虑状态。针对这种高度紧张的情况，我让她每天解放一次思想，这样可以帮助她在实践本章介绍的方法时重拾信心，培养新的习惯。

在当社工的五年里，她从未忘事，因为曾被警告，一旦出现那种情况就会被开除。后来，随着工作任务的加重，她开始怀疑自己。在一次调查中，她发现自己遗漏了几个步骤，有两次还因忘记签名而被监管人发现并纠正。这几次错误让她越来越焦虑。

我们会为每个项目列出任务清单，并设置提示系统以确保万无一失。我们让她每天解放一次思想，并在下班前列出第二天的3+3清单。同时她还在电子日历上设置了提醒。

每天在这些系统中录入信息会浪费几分钟？没错，但这几分钟帮她每天节省了30分钟。有了这些系统，朗达不再担心忘事，也不再深陷焦虑。她找回了因焦虑而耽误的时间，同时也缓解了工作压力，避免在压力下暴饮暴食。

筹划你的下一步行动

▶ 解放思想对你产生了什么作用？

▶ 你每天会利用什么时间解放思想？

▶ 你会利用哪些工具帮自己在白天 / 晚上解放思想？

▶ 笔记本、纸、任务管理程序、客户关系管理软件或项目管理系统、电脑上的文件……

▶ 你喜欢随意记录想法还是分类记录想法（办公室、家，这周、下周、下个月……）？

▶ 你如何提醒自己完成某项工作？

▶ 你正在使用哪个（些）提示系统？

▶ 它们是否有效？为什么？

▶ 如果它们效果不佳，接下来你会采用何种方式来确保自己不会忘事？

▶ 如果害怕忘事，你会如何摆脱这种忧虑，昂首向前？

▶▶▷ 制定应急措施，布置办公场所

第十一章　打造高效的办公环境

　　我的第一间办公室是在教室里。因为喜欢某位英语老师，所以我模仿她的风格布置那间教室，将办公桌摆在教室的一角，背对着前门，将学生们的课桌行行排得整整齐齐，对着黑板和前门。但这种摆设并不令我十分满意，因为从进门到办公桌要走很长时间。那一年，我对教室的风格做了多次调整。

　　我新添了几个书架，用来放学生的书和物品。我喜欢高书架，因为可以利用高处的空间，不会过多占用宝贵的地面空间。所有家具被摆放到位之后，我发现教室被我布置成了典当行——20世纪60年代的橡木办公桌，三种风格的学生课桌，一个破旧的棕色金属文件柜，一个从我未来婆婆家天台上搬来的深色四层金属书架，一个我未来老公大学毕业后带回家的红木色书架，一个学生家长为女儿最喜欢的老师制作的尚未完工的松木书架。教室的布局肯定会让室内设计师感觉糟糕，但我却很受用。

　　在布置其他办公室时，我吸取了这次的经验和教训。同时，我也会和客户分享经验，帮助他们营造功能性更强的办公环境。

目　标
根据实际需要布置办公室，不要照搬某张杂志上的图片。

方　法
1. 进行区域划分。
2. 确定主要工作区的实际需要。

3. 基于使用频率放置所需物品。

4. 妥善摆放你的办公桌。

5. 做好物品收纳工作。

6. 离开办公室前将物品归位。

策 略

最近总有人问我如何更好地布置办公室。在这个便利至上的社会，很多人对我回答"视情况而定"并不满意。

遗憾的是，根本没有最佳的布置方式，我们没有统一的结构图，没有固定的家具摆放位置，没有通用的物品需求清单，但我们需要能满足所有办公需求的完美办公室。那到底应该怎样布置呢？

进行区域划分

你在办公室会做哪些工作？付款、归档、打电话、做研究、搞设计……列出你所做的每一件事。在电脑上或者纸上画出办公室草图，在图上将每件工作对应的位置贴上便利贴，这样就可以把需要相同工具的工作划分到同一区域，工作时就不必走来走去了。

确定主要工作区的实际需要

基于任务清单和区域划分，确定哪些家具可以助你更好地开展工作？是否需要一个大桌子？是否需要一个电脑桌？每天都有很多文件要打印，是否需要额外空间放置打印设备？重新摆放现有家具，并根据需要购买新的家具。家具最好能够满足工作需要，这样你就不会总是担心家具的实用性。如果你和老板意见相左，就要尽可能对现有办公设备进行改造，或申请购买适合自己的家具。

基于使用频率放置所需物品

把最常用的物品摆放在触手可及的地方。不常用的物品可以放得稍远些。很少用到物品可以放在最远处或者小隔间内。越容易拿取的物品，也应该越容易被放回。这也是保持办公有序的窍门！

妥善摆放你的办公桌

办公室的布局应基于你的工作需要。办公桌并不是必需品。有些人的办公室内并没有摆放办公桌，因为不需要坐在桌前工作。有时候，完成某些工作只需一个台子即可。

该如何摆放物品？以下方法仅供参考：

一个直径较小的容器可以用来放置最常用的文具。如果太大，放置的文具容易变得混乱而不易找到。

把平时最常用的物品放在办公桌最上面的抽屉里，把不常用的物品放在下层抽屉里。

把常用的书籍、工作手册和活页夹立在办公桌旁边的书架上。多数办公桌都配有文件柜。将文件竖着置于柜中，便于取放。

坐在桌前工作时，你不想时常起身去拿东西。那么把什么物品放在触手可及的地方呢？

坐在椅子上，先预想一遍今天的日程安排，确保工作所需的物品都方便可取，然后再想想其他重要工作所需的物品，在每周五晚上进行适当的调整，以防自己有所遗漏。这就是所谓的实践出真知。

划分办公区域以及常用物品摆放范例：

主要办公区域——办公桌。

日常文件——办公桌抽屉。

日常办公用品——办公桌抽屉。

不常用文件——文件柜。

打印机、扫描仪、传真机，这些设备的使用频率很高（但不是每天）——可以放在办公桌附近。

项目文件、材料、日常工作相关书籍——放在办公桌旁的书架上，随时取用，触手可及。

项目工作区——开放式工作台，留出足够的工作空间，靠墙，摆在项目材料和档案柜中间。

其他办公用品和纸张——放在书架上，对着档案柜。

这时，你可能会说："布置办公室肯定要花很多时间和精力！"告诉你一个小秘密：如果你现在不花时间整理办公室，将来会浪费更多时间去找东西。

做好物品收纳工作

一旦明确了各种物品的使用频率以及它们的摆放位置，就应该开始行动，将它们归位了。

最好使用透明收纳箱，因为可以使里面的物品一目了然。

收纳箱的尺寸取决于所放物品。如果收纳箱过大，不仅会浪费空间，还会让你放入各种本不该放入的物品。这很重要吗？当然，如果你不将物品分类放好，找起来就会很困难。如果各种物品混在一起，你就不得不把收纳箱里的所有东西都倒在桌上，才能找到想要的。这不但麻烦，而且会更浪费时间。

给每个收纳箱贴上标签，这样大家就都明确里面的物品，也知道用完后应该放回哪里了。

不要给放置日常用品的收纳箱盖盖子。盖子很碍事，尤其在整理东西的时候。如果箱子里装的是你需要随时取用的东西，记得不要盖盖子。如果放的是一些不常用的物品，可以盖盖子。

如果你的空间有限，不得不将收纳箱堆叠放置，要将放置不常用物品的收纳箱置于底部，因为你不会经常打开它们。有时候无所谓将收纳箱堆叠放置还是并排放置，但如果你的办公室空间有限，就要充分利用所有空间，包括垂直空间。要记住，箱子的放置位置取决于其被使用的地点和频率。

可以利用储物架代替堆叠的储物箱，放置在架子上的物品更方便被取用。摆置储物架可以充分利用垂直空间，两层储物架是最方便取用物品的。或者还可以用一组塑料抽屉放东西，需要拿放东西的时候，拉出抽屉即可。

放置你的项目资料

如果你要使用某些办公用品或纸张，把它们放在一个方便携带的收纳盒里，或者放在一个方便取用的文件盒里。有的客户利用专门放置文件筐的架子，在每个文件筐里放置不同的客户资料，尤其是立体的项目资料和物品。还有客户在桌子上放置文件分类收纳盒，将正在使用的文件资料放在里面，每个客户的资料都被分类放好，开会和打电话时做的零星记录也被放在一起。这样就可以轻松地找到所需的材料和信息了。

离开办公室前将物品归位

井然有序的办公室能让你愉快地开展工作。如果一大早就感受到一切井井有条，你就会愉悦地开始一天的工作。

如果走进一间杂乱无章的办公室，里面堆满了未完成的项目文件，或看到很多谁也不知道有何用途的东西，你就不会舒心地开展工作。这些未完成或混乱的文件会在你的潜意识里造成巨大的麻烦，它们悄无声息地影响着你的工作，耗尽你的力气。

> 一个高效的环境是经过精心布置的，在这样的环境中工作，你可以认清自我，实现自己的理想。
> ——芭芭拉·亨普希尔

它们会让你的大脑停转，搞砸你要做的每件事。这也是需要及时清理它们的原因（下一章会详细阐述）。

视觉型学习者特别容易出现注意力涣散的问题。大量物品会让你在潜意识里产生消极的态度，因为大脑会不断地提示你还有未完成的任务。

即使第二天还需要使用那些文件，你也要在下班前将一切恢复原样。这样做不仅能够保持办公室的整洁，还会让你思路更加清晰。

一个保持办公室整洁的方法就是赶快处理不知不觉中进入你办公室并扰乱你思绪的文件和物品。你应在 CHOP 日处理它们（详见第九章"在 24 小时内完成任务：把待办清单变成已完成清单"）。这些方法不仅有助于保持办公室的整洁，还能让你避免在工作中出现漏洞。建立后备机制会让你树立自信心，相信自己能够胜任工作，不会出现疏漏。因此，你无须将所有东西都摆在桌面上来提醒自己还有多少工作没有完成。

花费一些时间布置办公室，以最大限度地提高你的工作效率。你要从容不迫，才能节省更多时间。在时间管理革命的过程中，你一定会有所收获。

筹划你的下一步行动

▶ 你现在办公室的哪些布局对工作有利？为什么？

▶ 你现在办公室的哪些布局对工作不利？为什么？

▶ 基于本章所述，你会对办公室布局做出哪些调整？

▶ 你将把办公室划分出哪些区域？

▶ 你重新布置办公室耗时多久？是一整天、一个周末，还是每天半个小时？

第十二章　整理办公室

　　我的客户朱莉有一间精心布置的办公室。墙面、窗帘、书架、椅子、地毯的样式和颜色都经过了精心搭配。但问题是，你根本看不见椅子、书架或是地毯，因为到处都散落着纸张、袋子，还有其他乱七八糟的东西。朱莉最大的问题就是每天都在浪费不少时间找东西。

　　她说自己没有时间收拾办公室，但每天却浪费 30 多分钟在找东西。对每天各项工作所需时间进行记录以后她发现，如果整理好办公室，每周大概可以节省 3 个小时的时间。

目　标

在日历上标明整理办公室的时间。

方　法

用我的 5P 法帮你改善办公室的混乱状态：

Plan——制订计划

Pace——把握节奏

Purge——开始行动

Partition——划分区域

Place——放置物品

策 略

我喜欢 syncope 这个词的发音。韦伯词典对该词的释义为：（1）人由于脑供血不足而失去意识，即昏厥。（2）一个单词缺少一个或多个音节和字母。

无论我们说的是人还是单词，描述的都是一种不理想的状态。当你被成堆的文件和工作压得喘不过气来的时候，实际上就是在浪费时间，因为你的大脑得不到足够的能量，无法让你保持最佳的工作状态。不停地找东西就是在大把浪费时间。

用一个表示损失的单词描述止损的方法是件多么讽刺的事。

运用我的 5P 法，你就不再会因为找东西而浪费时间了。

制订计划

我已经介绍了本书的精髓，那就是成功的时间管理革命同思维管理和规划息息相关，所以制订空间利用计划是必不可少的。在客户向我寻求帮助之前，他们通常会利用周六下午或下班后的时间来整理办公室。他们没有明确的目标，不清楚具体步骤，也不知道要利用什么资源，就那样毫无头绪地开始工作，最后无疾而终。他们因没有完成整理工作而备受打击，从而半途而废，任由情况继续混乱下去。

为了杜绝上述现象（或克服它），让我们一起制订办公室整理计划吧。

你需要划分办公空间吗？你需要把物品放在特定区域吗？（开始肯定是一片混乱，但情况肯定会越来越好！）

你会选择哪种收纳箱来放置不同物品？

你会把这些箱子放在哪里？你可以基于分类设计一个迷你"商店"。（像沃尔玛或塔吉特杂货店那样，把种类繁多的商品摆在不同的货架上。不要像我们社区的罗斯商店一样把商品杂乱无章地堆放！）

哪些东西需要被粉碎？

哪些东西需要被回收？

哪些东西需要被丢弃？

哪些东西可以送人？

有人帮你一起做这项工作吗？

把握节奏

我们总是想尽快完成任务。生活在一个速食社会，我们希望任何事情都像速热食品一样，加热即食。遗憾的是，整理办公室是件耗时的工作，除非你打算把所有东西直接扔掉。

因此，你要把握好节奏。若耗时几个小时整理办公室，你的身体和精神能承受吗？你能持续保持专注吗？如果可以，就按照这个节奏，并将其列入日程安排。

如果你觉得每次只能整理 15～30 分钟，那就按照这个时长来计划。

当我要求客户保持专注状态，他们大约用一小时就能整理好一箱杂物和文件。他们不需要用太多时间去仔细看每一个字，只需花大的五秒钟扫一眼文件，就知道该把文件放在何处了。

我举这个例子是想让你们明白，如果根据实际情况来规划工作时间，制定切实可行的时间计划，你就已经成功一半了。

如果你的杂物和文件多达 25 箱，那么整理工作至少需要 25 个小时，这就是要根据自己的节奏做好时间规划的原因。根据大脑、身体和日程安排做好规划，如果每周整理 30 分钟，你需要一年才能全部整理完，如果每周整理一小时，就只需要半年，如果每天整理半小时，那你不到三个月就能完成了。

一切取决于你所利用的具体时间。

为了提高效率，你应该把办公桌和办公室划分出不同区域，就像画棋盘那样。你可以在心里规划，或者（如果老板不介意，也不会引发安全问题）真的在办公室拉条线来划分区域。每次整理一个区域即可。

按照自上而下的顺序进行整理。从心理学角度来说，如果我们可以看到地板，就会觉得屋子的空间变大了。因此，比起无序的整理方式，自上而下的方式会让你取得更大的进展。进展越大，我们就越有动力完成后续的工作。

开始行动

把要送人的东西、要粉碎的东西、要回收的东西、要丢弃的东西，以及本来就属于别人的物品／文件分类装箱。第一步，你应该清理出一小块区域。不要操之过急。从这一小块区域开始，用你的眼睛粗略地观察。最先看到的是什么？什么可以立即被清理？

每周结束时（或者当箱子快要被装满的时候），把箱子里的东西拿出来放到适当的位置。

进行第四步"划分区域"的时候，可以回顾这个过程。

划分区域

我们要从宏观和微观两个维度进行区域划分。你需要一些收纳箱或是文件袋。

首先，把过去两三周用过的文件和物品收集起来，因为以后你很可能还需要它们。把它们放在一个安全的地方，比如桌上的收纳盒里，这样就不会找不到了。

宏观分类

办公用品

客户资料

待办事项

今年的文件

往年的文件

数据线

小工具

待阅资料

会议材料

纸张（打印机、打印纸……）

纪念物（证书、照片、奖杯）

当然，还有上一步整理出来要送人的东西、要粉碎的东西、要回收的东西、要丢弃的东西，以及本来就属于别人的物品和文件。

越收拾越轻松。所以你要为做这项工作腾出一片区域。

从最先腾出的区域开始，有序地进行整理。你只需扫一眼文件或物品，五秒钟就可以决定它的归处了。这一步不需耽误太长时间。你只是进行宏观分类，了解办公室里有什么物品，以便在接下来的过程中做出相应决定。

微观分类

现在，你要处理那些文件了，但还不需要花哨的袋子或者空档案盒。如果你有这些，太好了。如果没有，也没关系，把文件都放在收纳箱里。

用便利贴做好标记。如果不确定文件是否有用，做个临时标记即可。

你已经完成了宏观分类，现在可以整理收纳箱里的东西了，将物品合并同类项，很快就可以整理好这些文件。

此时，你可能会问自己："我为什么会留着这些东西？""我怎么没有早点儿处理掉这些东西？"这些想法会激励你继续完成清理工作。如果每天都这样做，你就不会把大量工作积压到月底了。每次整理一类东西，自己决定从哪里入手。你可以从最简单的收纳箱整理开始，这样很快就会完成工作，获得更大的成就感。或者也可以从最复杂的整理开始，这样后面的工作就会相对轻松许多。

尽可能整理好无用的文件。无论这些文件是否需要长期保存，都应该将其分类放置在文件夹内，这样在工作的时候，就可以随时归类文件了。

如果需要更加细致的分类，详见第十八章"创建简单的文件整理体系"。

> 找东西的状态是最令人畏惧的。
>
> ——约瑟夫·坎贝尔

整理收纳箱和整理文件的过程是一样的。尽可能地处理掉那些没用的东西，可以捐赠、送人，或者丢弃。接下来再整理剩下的东西。

放置物品

这一步应该是最有趣的，因为完成这一步就宣告你的整理工作大功告成了。但很多人会感到困扰，因为在完成前两步之后，满眼看到的仍都是废物。实际上，到这一步就不应该再有废物了，因为废物应该已经被处理掉了。如果还有，只能说明你之前的清理工作还不够彻底。

事实上，若人们看到经过前期的清理后，仍有很多装满文件和物品的收纳箱，通常会感到些许沮丧。他们真想把这些箱子堆到角落，然后去干别的工作。但是，别放弃！正如粉红马蒂尼乐队在《坚持住，小番茄》中唱的那样，胜利的曙光就在前方！

第一步：把每天要用的物品放在最好拿的地方。

第二步：把每周要用的物品放在上述物品的后面或者下面。

第三步：把每月要用的物品放在上述两种物品的后面或者下面。

这样就可以把最重要的信息和资源放在最方便取用的地方，也便于使用后归位。

如果你发现空间有限，就要问问自己："这些东西是否是工作中真正需要的？"

是否需要整面墙那么大的落地柜存放所有物品？还是及时清理无用的物品来打造高效、安静的办公环境？如果你不想反复陷入这种痛苦而繁重的清理工作，就要在每天下班前让一切恢复原状，还要好好规划放置新物品的位置。

具体行动

朱莉从办公室清理出十箱文件和物品，因为她有注意障碍，所以每次只能清理 15 分钟左右。她计划每天整理两次，每次 15 分钟，用约 8 个小时整理物品和划分区域，再用两个小时重新摆放余下的物品。现在，她可以在一分钟内找到任何需要的东西。每天下班前她都会整理文件和物品——而不是在半年后（甚至一年后）再整理，现在她对自己办公室的一切都了如指掌。

筹划你的下一步行动

▶ 你准备何时制订计划？

▶ 基于本章所述内容，你准备按照什么样的节奏，每次花多长时间整理你的办公室？

▶ 让你坚持下去的动力是什么？哪些有责任心的同伴会监督你完成此项工作？

►►► 第十三章 为移动办公者创建移动办公室

杰克是一名医药代表，他多数时间都在见客户的路上。由于出门前总是忘记再次确认客户需求并检查所带物品，他经常少带或错带文件。他将所有东西一股脑儿放进背包，物品杂乱无序，导致总是找不到自己想要的东西。他因为经常在包里翻找东西而耽误顾客时间，并为此道歉。他的后备厢也凌乱不堪，里面塞满了东西，他只能把最新的文件放在后座上。

目 标

整理你的背包或后备厢，带好每天工作的必备物品，打造移动迷你办公室。

方 法

1. 备份所需物品。
2. 使用带隔层的背包。
3. 把后备厢打造成移动办公室。
4. 尽可能实现数字化办公。

策 略

笔记本、智能手机和平板电脑的出现让办公地点不再局限于办公室。创建移动办公室，让人们在路上也可以高效地办公。

不能经常在办公室办公的客户普遍面临以下两个问题：

如何确保在三个场所——家、办公室和车上均能办公？

如何确保所见客户的数量，既保证每次会面都能准时到达，又不必为准备文件而加班到深夜？（详见第二十五章"移动办公者的时间规划"。）

你需要转换思路，才能应对这些挑战，提高工作效率。除了阅读第十一章"打造高效的办公环境"，你也应该了解本章介绍的策略和方法。

备份所需物品

对于那些追求简洁高效的人来说，备份所需物品似乎不太实际。但如果你的办公地点并不固定，随时携带全部材料实在没有必要。备份可以让你避免忘事，也可以节省时间，因为你不必寻找那些散落在其他办公地点的物品了。家里放一套，办公室放一套，背包或者后备厢里再放一套。

使用带隔层的背包

我的客户经常在购买背包或拉杆箱时，过分注重其外表或价格，最后才发现这些好看的背包只有一个口袋。他们只能把所有物品和文件都放在一起，需要某件物品的时候不得不翻找半天。

想好每次外出所需物品，买一个有多重隔层的背包。你也可以对现有的背包进行改造，让它可以分类放置不同物品。

把后备厢打造成移动办公室

我有一些销售客户，每次与客户会面时，他们都要准备小册子、名片、产品介绍和样品。如果一天要见好几个客户，那么一个背包根本装不下那么多东西。充分利用汽车的后备厢就显得尤为重要了。你可以把装有不同表格和小册子的文件袋放在后备厢里，把各种样品放进单独的收纳箱。如果你需要乘坐火车或者地铁上下班，也可以按同样的方式布置拉杆箱，将其打造成移动办公室。记得把装着客户所需物品的背包放在拉杆箱上。

尽可能实现数字化办公

能让你随时随地查询客户信息的办公文件至关重要。如果你喜欢数字化办公，可以使用云存储软件，如 Evernote 或者 Dropbox。有了这些软件，即使没有网络，你也可以用笔记本将文件下载下来。可能出于安全考虑，你不想连接公共场合的无线网络，那么这些软件就可以帮你解决问题。如果可以在公共场合连接私人网络（比如你的手机），你可以考虑利用客户关系管理软件来存储所有客户相关文件。如果你不习惯这样的办公方式，没有关系。如果你更喜欢有纸化办公，也可以保持。根据喜好选择适合自己的方式。

遵循这些策略和方法，你可以大大提高效率，有效减轻压力。放慢脚步，从容不迫，创建多处办公场所，备份物品，这些方法和策略可能会让你感觉陌生，但会帮你保持头脑清晰，更好地注意力集中，从而高效完成工作，更好地做出决策和利用时间。

> 最让我们骄傲的不是永远不会跌倒，而是每次跌倒后都能够再站起来。
>
> ——奥利弗·戈德史密斯

具体行动

杰克发现他的潜在客户可能对他不是很有信心，因为客户曾亲眼见过他在包里翻找物品的样子。但在他整理了背包之后，客户的看法发生了极大的转变。如果在停车场偶遇某位医生，他甚至还会非常自豪地在他面前打开后备厢。他的移动办公室令医生们倍感惊讶。一个连后备厢都整理得井井有条的人一定可以很好地满足客户需求。

筹划你的下一步行动

▶ 你最近使用的移动办公室效果如何？为什么？

▶ 你最近使用的移动办公室不利于你的工作吗？为什么？

▶ 基于本章内容，你需要做出哪些改进？

▶ 你需要在背包或者移动办公室中设置哪些隔层或收纳区？

▶ 你准备用多长时间打造移动办公室，一整天还是一周？还是针对不同的区域每天整理 30 分钟？

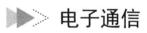

电子通信

第十四章　在数字化时代坚持原则

你上一次看见两个人有眼神交流地促膝交谈是什么时候？在现实中，我们通常会看到这样的情况：

简先到了，而里卡多还没来。等待的时候，简拿出平板电脑共享自己的位置，然后全神贯注地玩起了平板电脑，这时，里卡多突然出现，把她吓了一跳。

里卡多坐下，把手机放在桌上。他俩聊天时，那个手机响了，他拿起手机看了一眼，对简说了声抱歉。挂断电话后，他重新把目光投向简。接着，简的平板电脑屏幕亮了，她用手指滑了一下屏幕，然后继续和里卡多交谈。

里卡多的手机又开始振动了。他看了下显示的电话号码，向简道歉并表明必须要接这个电话。"嗨，南森。我正在开会，现在不方便说话。一会给你回过去怎么样？"

简和里卡多的会面就这样持续着。30分钟里，他们的交谈不断被打断，双方都很难将注意力完全集中在对面那个人身上。但这一切并非两人故意为之。

专注于某件事变得越来越困难。这也是为什么当今社会的人们总是显得那么匆忙。他们太急于求成，但往往会犯错、忘事、偏离主题，最后一事无成，或收效甚微。

目　标

是你控制手机，还是手机操纵你？关掉信息提示，定时查看消息。

方 法

1. 关闭手机、平板电脑和电脑上的信息提示。

> 信息 = 短信、邮件、社交软件、语音信箱
> 提示 = 声音、振动、在屏幕上跳出的数字

2. 将那些"诱惑性"的应用程序移出主屏幕界面（或者彻底删除）。
3. 设定工作日查看信息的时间（每 10 分钟、每小时、每 3 个小时……）。
4. 设定休息日查看信息的时间（每 5 分钟、每 30 分钟、每 3 个小时……）。
5. 选择一种工作期间最常用的交流方式。

策 略

我一般会在客户的办公场所与他们会面，坐在办公桌旁与他们交谈。仔细倾听的同时，我会留意他们的肢体语言，从而了解他们的个性、思维方式、工作习惯和个人习惯。我发现客户们有一个通病，一个非常浪费时间的通病，在此，我向他们推荐一种方法。无视这个方法的客户会错失可以让其免受打扰且节省时间的最简单的机会，而采纳这个方法的客户会节省大量时间，大大提高工作效率。

大家都知道却鲜有人做的改变是什么？

关掉你的信息提示。

我的客户来自各行各业，有公司主管、民营企业家、经理、作家、传媒顾问和医生等，从会面时间来看，开着信息提示的客户所需时间更长，因为他们无法保持集中精力，会不停地被屏幕上闪烁的亮光、新邮件和信息的提示音等所打断。

会面结束时，除了给他们一些建议，我还会告诉他们在会面期间看邮件和信息的次数，以及由此引起的注意力分散、重整思路、重回主题等所浪费的时间。

当我指出这些时，每个人都很震惊。他们会因为自己不礼貌的行为而道歉。我告诉他们不要误会，我并不想讨论社交礼节问题。这件事有关时间利

用和大脑工作效率的问题。在接受付费指导的过程中，你竟然浪费了 20% 的时间，那么你独处时会浪费多少时间？若我们每个小时浪费 12 分钟，那么 8 小时工作时间里就会浪费 90 多分钟，一周工作日就会浪费 7 个多小时。一个月就会浪费近 30 个小时……

"好吧。但是我不能把提示关了。我需要随时了解情况。"

"除非你是一个紧急调度员，需要将医务人员立刻调往现场，或者工作要求你必须在收到邮件 30 秒内回复顾客的问题，否则你完全不用着急。"

"但是我喜欢这样做，已经习惯了。"

"试试我的方法。我离开后，在 1 个小时内，关掉你的邮箱提醒。工作 10 分钟，查看一次邮箱；再工作 10 分钟，再查看一次邮箱。"

"好吧，但我不喜欢这样。"

"我知道，但这样做我会开心。"

人们普遍会这样解释："如果学校打来电话，告诉我孩子受伤了，或医院打来电话，说我爱人在医院怎么办？"

我回答说："如果你一直在等那些坏消息，坏事就有可能发生。你为何不把精力放在度过美好的一天，好好享受生活上呢？"

关闭信息提示

> 我们认为自己与外界联系得越来越紧密，是因为有了这些电子设备，我们只需按几个键就可以立刻与其他人通话。但实际情况是我们与他人正在渐行渐远。
>
> ——沙查·昆图

澄清一下，我并不是说完全不能查看信息或邮件。我的意思是，你需要安排专门的时间做这件事，而不是在工作时任各种信息不停地打断你的思路。大脑进行任务转换需要约 60 秒，也就是说，每次你查看完信息，再切换到工作状态就要浪费 60 秒的时间。你可以准备一个定时器，每 10 分钟查看一次信息或邮件，这样就能够保证自己在 10 分钟内高效地工作。

采纳此建议的客户都取得了长足的进步。他们第一次意识到自己长期处于精力分散的状态。用了这种方法以后，他们都顺利地完成了工作，更重要的是，他们可以时刻保持头脑清晰，这和以往大为不同。他们不仅提高了工作效率，还提高了工作质量。

改变习惯是一件很困难的事，但却是他们多年以来做的最高效的事。一个客户在与我会面两天后打来电话："这个方法改变了我的生活。我的大脑运转更高效了，这实在太神奇了！"

这是一个令人惊喜的话题吗？不是。

这是一个震惊世界的建议吗？正如本书介绍的其他策略方法一样，它会让那些开始尝试的人感到震惊。

有人建议我多提一些启迪他人的原创建议。"如果接受《福布斯》杂志的采访，你会提出关闭邮件和信息提示之类的建议吗？"

如果可以帮助你们每月节省将近四天的时间，还可以帮助你们保持头脑清醒去获得更大的成功，我愿意承受那些质疑。

摆脱诱惑，远离魔爪

我们将使用频率最高的应用程序放在平板电脑和智能手机的主屏幕上，将使用频率较低的放在其他页面上。但如果这些最常用的应用程序会浪费你很多时间怎么办？看到你最喜欢的社交媒体和游戏的图标，你会不由自主地进入另一个世界。你在那个世界里浪费的时间越多，在现实世界中的效率就会越低。将这些应用程序移出你的主屏幕，可以减少浪费时间的机会。如果你想采取一些极端的方法，那就将它们彻底删除。你可以在台式机或笔记本上操作这些应用程序，相对于使用手机而言，那可能会麻烦一些，但却可以让你远离"兔子洞"（指一种魔力的诱惑力）。

确定工作中使用的交流方式

有些公司对员工与客户或同事的交流方式没有要求，可以通过内部信息平台、电子邮件、短信、脸书、推特和领英邮箱等进行沟通与交流。我曾目睹某客户用 15 分钟查找一条信息，她记得曾收到过那条信息，却不记得是通过哪种渠道收到的。对她来说，这已经不是第一次了，她总是浪费大量时间去查找信息。

你最常用的两种交流方式是什么？将其告知你的客户和同事。如果他们习惯使用其他交流方式，回复信息的时候请他们选择你喜欢的方式。这样，你只需在两种平台上搜索你想要的信息即可。

具体行动

专注于当前的工作十分重要，我们需要刻意而为之。若我们总是东奔西跑，不停地被打断，或在一些应用程序上浪费时间，我们的思路就会因为各种琐事而变得非常混乱，从而无法专注于手头的工作。

我们精力分散，无法专注，因为想时刻保持"在线"的状态，所以总是被一些琐事打断。我们对这些电子设备的依赖性越强，身边的人就离我们越远，我们也越难以顺利完成自己承担的任务。

提前规划，随机应变。管理好电子设备，你可以更灵活地利用时间。

筹划你的下一步行动

▶ 你想自己掌控时间，还是受控于电脑和手机？

▶ 你什么时候会关闭那些提示？

▶ 你如何设定查看邮件、信息或登录社交媒体的时间？

▶ 在你的电子设备主屏幕上还有那些充满诱惑的应用程序吗？

▶ 如果还有，你准备什么时候将它们移出主屏幕或从设备上删除？

▶ 你如何从这些方法策略上受益？

▶▶▷ 第十五章 妥善处理邮件

我的客户罗伯特患有邮件焦虑症。他害怕邮件，因为每天有太多邮件需要处理，以至于他整天都在不停地查看收件箱。他不会在每天晚上列出第二天的 3+3 清单。每天早上，他做的第一件事就是查看收件箱，打开邮件，阅读邮件，然后快速回复。

他会收到很多垃圾邮件。他也会意识到某些回复并不准确，因为他没有仔细读完全部内容。

在回复邮件的过程中，他时常被打断，转而查阅那些最新收到的邮件。他想让上司和同事知道他可以处理好所有问题，这就意味着要及时回复每封邮件。他匆忙地阅读邮件，然后快速回复。

回复完那封最新的邮件，他常常会忘记之前的工作处理到了哪里。

结果，他无法按时完成工作计划，因为回复邮件几乎占据了他所有的时间。

有时候，他整整两天都不打开收件箱，因为回复邮件实在让他感到头疼。

他认为，他的工作让自己又爱又恨。无论是否处理那些邮件，他都会感到沮丧，因为自己很难处理好所有工作。常常，他会看到大量未读邮件，那时他只想一头扎进沙子里。

目 标

不要让邮件主导你，你自己才是主导者。

方 法

查看 / 阅读邮件

1. 定一个 15 分钟的定时器。

2. 快速浏览收件箱，直接删除那些你不想读或不需要的邮件：

> 垃圾邮件
>
> 广告邮件
>
> 你无法出席的活动邀请
>
> 其他

3. 快速浏览收件箱，直接删除那些无用的邮件：

> 对你或你的工作无用的信息
>
> 已经做出回应的活动提醒
>
> 对已完成或已提交项目或任务的提醒

4. 查看你的待办事项清单和 3+3 清单，找到与之相关的邮件并回复。

5. 查看不在 3+3 清单中的其他重要任务，找到与之相关的邮件并回复。

6. 如果时间充裕，查看不太重要的邮件并回复。

7. 阅读并回复真正需要回复的邮件。

8. 参考"写邮件"部分中介绍的方法，学会如何更好地回复邮件。

写邮件

发邮件：

1. 拟好邮件主题。想好要表达什么，希望收件者有何回复。

2. 是否电话沟通这件事更节省时间？如果是，那就打电话。

3. 邮件内容要全面，涵盖所有可能出现的情况和问题。

4. 使用模板回复内容重复的邮件。

5. 保存草稿，以便下次查看。

6. 在下次查看时，加入新的想法。

7. 规划好自己回复邮件和打电话的时间。

8. 大声读出邮件内容以保证准确无误。

9. 邮件主题中写明你的要求和时间节点。

10. 点击发送键。

回复邮件：

1. 如果你无法明确回复内容，通过邮件告知对方已收到邮件并将随后回复。

2. 达成上述对"发邮件"的十项要求。

3. 检查你的回复，确保其涵盖每个问题和主题。

不在办公室

如果你不在办公室，无法及时回复邮件，要设置自动回复。发件人会收到自动回复，知道你回来后就会马上回复邮件。你也可以推荐其他人员为他们提供帮助。

策　略

不要让邮件主导你，你自己才是主导者。

发出邮件就会收到回复。

少发邮件就会少收邮件。

你需要从容不迫，这样才能节省时间。

道理就是这么简单，你发的邮件越多，收到的就越多。打 5 分钟电话可以解决的事却需要来来回回 10～20 封邮件，因为每封邮件能够涵盖的内容很少。这种现象很常见。此外，由于我们回复邮件的时候很匆忙，有些问题并没有考虑周全，所以会有改变想法的情况。消除误解，更正拼写错误，或弥补错发邮件所造成的损失都会浪费我们很多时间。

如果你在技术服务中心、客服中心，或应急指挥中心工作，你的工作就是查看邮件并立即回复；如果不是，你的职责就不是在电脑前随时待命。你应该做的是完成你的工作目标。如果把时间都用在查看收件箱和回复邮件上，你就永远无法完成本职工作。

信息提示降低工作效率

首先，你要关闭手机、平板电脑和计算机上的各种提示音。每次被新邮件、信息或者媒体推送提示打断，你都得浪费平均 1 分钟的时间让大脑重回正轨。研究显示，人们平均每小时会收到 11 条信息提示，也就是说每小时你就会浪费 11 分钟。在 8 小时工作时间里，你会浪费多达 88 分钟！关掉这些提示可以帮你每天节省 1.5 个小时！

你以为我让你永远不查看邮件？是不是心脏病都要发作了？先冷静一下，听我说，我并不是让你无视这些邮件，而是希望让你不被手机、平板电脑和计算机所操纵。相反，我想让你成为主导者。它们只是你的工具，不是你的老板。

设定查看邮件的时间。对有些工作来说，你只要在一天内回复邮件就好。所以在早上和下班前各查看一次邮箱即可。有些工作则要求你在几个小时内回复邮件。那么就每 2 个小时查看一次邮件。即使每 10 分钟查看一次邮箱，也比每小时被打断 11 次有效率得多。如果你就是公司的老板，那么可以自行设定一个合适的回复时间。

别忘了把查看邮件的时间告知你的联系人和客户。以我自己为例，客户知道我每天早上第一件事就是查看邮件，中午如果有时间也会看看，下班前再看一次。我已经将查看邮件的时间告知所有人，所以没有必要更加频繁地查看。事实上，前几天某个客户在脸书上向我推荐她的一个朋友时，就把我的电话和查看邮件时间告诉了她的朋友。很棒吧！

查看邮件

你在查看邮件时，用定时器设定 15 分钟，这样就可以很好地控制时间。通常人们读一封邮件只需几分钟，但一封接着一封地看下去，不知不觉就过了一两个小时。设置定时器会让你集中精力回复那些最重要的邮件。

回复邮件前要进行几轮筛选。在第一次筛选中，要选出广告邮件、新闻邮件、垃圾邮件和那些对你没用的邮件。这个过程大概需要 60 秒，然后选中它们，点击删除键。没错，你不用打开就可以直接删除它们，这样就节省了很多时间！

接下来就要认真查看邮件了：

首先，确认邮件的发件人。

其次，查看与 3+3 清单相关的邮件，因为这些与你需完成的重要工作有关。先查看这些邮件。

再次，查看与重要客户和本职工作相关的邮件。

最后，查看其他邮件。

写邮件

电子邮件纷至沓来，因为人们在写邮件和发邮件时太过匆忙。我们快速写下想法，然后点击发送键，有时候并没有仔细阅读邮件，有时候会误解对方的要求和想法，甚至会漏掉对方提出的一些问题。我们没有时间做出深思熟虑的回复，所以发出的邮件可能内容不够清晰，或遗漏了一些重要细节。所有这些都会引起错误和误解，并带来更多问题，我们也会因此浪费更多时间。

因此，从容不迫十分重要。不要着急，因为这会帮你节省时间。仔细阅读你要回复的邮件，确保完全了解了邮件内容。

你需要如何回复？

情况复杂吗？

是否电话沟通可以在更短的时间内解决问题，然后发邮件加以确认即可？

有时只需 10 分钟通话就可以解决问题，但来来回回发邮件却浪费了 30 多分钟时间。

如果你确实需要通过邮件进行回复，内容要尽可能多地涵盖问题的多个角度。邮件最后要提出问题以及对对方的要求。简述你的需求并给对方预留最后期限，让对方知道你的能力和认真的态度。第一次这样做的时候，对方可能会因为你的直接而感到惊讶。但看到你按时高效完成工作后，他们就会了解其中的原因。你应该告知对方，你什么时候可以通过邮件或电话回答问题或是继续你们的讨论。你是否需要用 30 秒时间阐明自己的时间安排？是的，这样做会让你避免在不必要的电话往复和无意义的期待上浪费时间。

正式要求的范例：

　　下一步：为保证我们的合作顺利推进，请在 11 月 18 日星期四下午 5 点前，将以下三个问题的答复发送给我：

　　1.

　　2.

　　3.

　　如果你有任何疑问，请于周一到周五早上 8 点至下午 5 点间给我发邮件。我会在下班前给予回复。

　　如果你想通过电话与我沟通，请于周二上午 8 点到 8 点半、周三下午 4 点到 5 点之间拨打 ××××××。

　　感谢您的配合，期待合作圆满成功。

然后把这封邮件存在草稿箱里。

什么？！没错。暂时不要发送邮件，尤其是涉及敏感问题时。通常，我们的第一反应非常情绪化，发送这样的邮件会引发更多问题，浪费更多时间，可将你的回复暂存在草稿箱里。如果你在查看下一封邮件时重读这封邮件，然后再发送它，那将很棒！如果你不能等那么久，需要马上将它发送，那么发送前一定要再读一遍。

大多数邮件系统都有拼写检查功能。如果你使用的系统可以标记拼写错误，那么一定要使用该功能。如果没有这个功能，就要利用拼写检查软件。大声读出你写的内容，这可以帮你发现漏掉的单词、拼错的单词和感情色彩过重的单词。多检查一两分钟，你会省去很多麻烦。

虽然你乐于这样做，但却不知如何回复怎么办？先发送邮件告知对方你已收到信息，然后向其说明什么时候可以确定回复内容。一天就够了？那就告诉对方你需要两天，给自己留出一些机动时间。如果你不能按时回复邮件，对方会因为你的拖延而不悦。但如果你可以及时回复，对方会很惊喜。显然，后者更好！

邮件主题

"你好！"是仅次于空白的、最无意义的主题。它并没有明确主题或行动。给你的联系人做一个榜样，这也会让你的生活变得更加便利。主题应表明你需要做的事和相应的日期。如果你收到一封主题不明确的邮件，要对其进行修改，使之涵盖有效信息。例如：

糟糕的主题：

你好！

近来如何？

你知道……

我需要你的帮助

优质的主题：

6月25日晚上12点前把X项目的进展发给我

供参考——你可能对X工程的资料感兴趣

1月15日下午5点前完成2月份简报

紧急——柯莱特先生身亡，尽快发布新闻

你的语气可以委婉，但一定要直接切题。你的邮件可以涵盖其他细节，但主题要能帮助对方归类邮件，这样做既贴心又高效！

如果回复内容只有一行，那么主题就是全部内容，要在结尾注明。

发件人的邮件标题：

麦克纳利工程进展如何？

回复邮件标题：

6月25日前有结果（邮件全部内容）——回复：麦克纳利工程进展如何？

采用这个方法会帮对方节省很多时间，因为可以不必点开邮件就知道你的回复。他们很高兴你能这样做！

使用模板

如果你发现总是需要回复同样的话，就可以用办公软件制作一个模板供下次使用。这样就不必进行无谓的重复劳动了。把模板复制粘贴到你的邮件中，然后根据需要进行适当修改。

不能及时回复邮件怎么办？

如果我出城工作或全天在城里讲课，就会设置邮箱的自动回复功能。无论做什么工作，我们都要做好计划。无论是会见客户还是布置展示柜，我们都要全心投入。如果你想高效工作，更好地为客户提供服务，那么回复邮件就不应该是你最重要的事。

你可能会说："如果我已经告诉客户和联系人晚上会给他们回复邮件，但我的日程安排中途发生了变化，怎么办？"

这是一个很好的问题。但是你不必过度担心。实际上，你应该多关心自己生活和工作中的优先事项和目标——虽然一开始你可能很难做到不为此事而担心。下面是解决方法：

在给别人发邮件时，明确你何时可以接打电话或回复邮件。在邮件最后写明这条信息可能会多花 30 秒，但却可以为你省下几个小时，因为你不必再为无法及时回复而担忧了。如果你正在做一个项目，提前告知其他参与者你出城或不在的时间。

如果不方便与他们沟通怎么办？如果他们突然发来一封邮件怎么办？如果你已告知对方自己会努力做好工作，全心为客户服务，那么他们收到自动回复时就会理解你的做法。如果你没有提前告知，在回复邮件时就要解释说明。

你应该在自动回复邮件中说明，若你不在，他们可以和谁联系。例如：

> 感谢您的邮件！我目前在城外工作，会在 2 月 12 日星期二回复您的邮件。如有需要，请联系相关人员：
>
> 关于个人咨询 / 辅导和媒体采访，请联系玛莉贝丝，电话：210-892-4990 x73，邮箱：saoffice@livingordersa.com。
>
> 关于主题活动、研讨会、培训、视频和书籍订阅，请联系维琳娜，电话：210-892-4990 转分机 79，邮箱：speaking@livingordersa.com。

如果你忙于某个项目，也可以指定项目重要人员为联系人。如果你自主创业，没有第二联系人，那么可以指定第三部分"组建你的团队"中提到的团队成员为联系人。

具体行动

遵循这些方法，罗伯特不再为成堆的邮件感到头疼了。他可以高效地处理邮件，然后专注于其他工作。

他规划了查看邮件的时间，不再把所有时间都花在查看手机邮件上。他晚上可以睡个好觉，因为他不再受手机或邮件的打扰了。

> 将技术运用于商业中的首要规则就是应用于有效运营中的自动化技术将会极大提高效率，第二条规则就是应用于无效运营中的自动化技术也将会极大降低效率。
>
> —— 比尔·盖茨

他不再逐个阅读收件箱里的邮件，从而节省了大量时间。经过第一轮筛选，他删除了 10 封垃圾邮件，立刻感到不那么焦虑，可以动力满满地继续以后的工作了。

罗伯特有条不紊地整理着他的收件箱，这个方法对他来说真的有立竿见影的效果。

筹划你的下一步行动

▶ 是你掌控邮件，还是邮件控制你？

▶ 你实践过本章介绍的哪些方法？节省时间了吗？

▶ 你准备从今天开始尝试哪种新方法，以节省更多的时间？

▶ 哪些案例可以帮你节省时间？

▶ 这些案例的内容是什么？

▶ 这些方法策略如何使你受益？

▶▶ 第十六章　甄选有价值的邮件

前一章提到的罗伯特患有邮件焦虑症，他害怕看到邮件，因为每天要处理的邮件太多了，有时甚至多达 5 000 封。

当看到未读邮件数量达三位数时，他便会产生恐慌，若数量上升到四位数时，他会愈加焦虑。他曾让我看过他的收件箱，里面有无数封未读邮件，我观察到他的身体变得僵硬，面部表情也由开始时的微笑变为无助。

他永远也处理不完那些邮件，那该怎么办呢？

目　标

规划处理邮件的时间。

方　法

计　划

1. 确定利用小块时间还是大块时间处理邮件。

2. 做好时间规划。

处理步骤

1. 确定处理邮件的时间。

2. 找到上个月的邮件。

3. 每次处理一个月的邮件或者一个页面上的邮件。

4. 快速确认不必打开的邮件，直接将它们删除：

　　垃圾邮件

广告邮件

你不能出席的活动邀请

已经过期的活动、约会邀请

其他

5. **快速确认对你无用的邮件，直接将它们删除：**

对你和你的工作无用的信息

提示已完成或已提交项目和任务的提醒

已失效的邮件

其他

6. 阅读并回复真正需要回复的邮件。

7. 如果时间充裕，阅读上个月的邮件或者下一个页面的邮件。

8. 发送邮件之前要认真检查。

9. 阅读上一章"写邮件"部分的内容，了解如何回复邮件。

处理已阅读或已回复的邮件

1. 如果邮件里包含网上找不到的有用信息，要保存这些邮件。

2. 如果你不需要某些邮件，或能在互联网上找到相关信息，就直接将它们删掉。

处理提示性邮件

1. 如果你本周要完成某项任务，要把与之相关的邮件保留在收件箱里。

2. 如果它是个长期任务，设置提示，然后将邮件归档。

预防措施

1. 退订你不再感兴趣或者无用的新闻通讯和广告。

2. 过滤未知发件人发来的新闻通讯和广告。

3. 制作名片和注册某些账户时使用通用邮箱地址，只把个人邮箱地址告诉客户、同事和某些重要联系人。

4. 请你的朋友和同事密件发送邮件。

策　略

及时清理邮箱，它不应该为你的拖延症买单。

> 我成功的经验归结为一点，那就是，我从不找借口。
>
> ——弗罗伦斯·南丁格尔

确定清理邮箱的时间

如果你没有感到脖子、背部或眼睛不适，可以长时间集中精力，那就用一两个小时时间集中清理邮箱。如果你的时间有限，可以一次抽出15分钟做这个工作。即使时间很短，但你也可以将进度推进15分钟。

无论你准备用多长时间清理邮箱，都一定要在日程安排上标明。如果只在头脑中规划，你很快就会忘记，或让其他事情捷足先登。如果在日程安排中定好时间，就会按计划行事。如果你正试图提高时间管理和思维管理水平，并想尽早清理你的邮箱，那么几小时之后你就应该着手去做了。

阅读（浏览）邮件

设定一个时间专门阅读邮件。

你需要分几轮浏览收件箱。在第一轮浏览时，挑出广告邮件、垃圾邮件，以及对你无用的邮件。选定这些邮件，点击删除键，直接将它们删除，你可以立刻摆脱这些邮件的困扰！

在第一轮浏览时，你会了解哪些人给你发了邮件。在第二轮浏览时，你要挑出那些需要回复的邮件。越早处理无用的邮件，待回复邮件的数量就会越少。如果你想更详细地了解如何高效处理邮件，可以回顾上一章的内容。

处理已回复的邮件

如果你的邮箱有归档功能，那实在是太好了。邮件的主题包含关键词，因此，如果你想查找某个主题，或者查找某个发件人发的邮件，就可以直接搜索被归档的邮件。邮件归档功能可以帮你分类整理邮件。

如果你的系统没有这个功能，那么就自己新建一个电子文档，用来储存所需邮件。你可以在电脑屏幕左侧的导航栏中新建文件夹储存电子文档。

如何对邮件进行分类呢？示例如下：

> 部门
>
> 管理备忘录
>
> 日程安排
>
> 项目
>
> 实施
>
> 祝词
>
> 客户

需要保存的邮件

先新建几个文件夹，随着邮件处理工作的深入，再新建更多各种类别的文件夹。

将类别数量控制在 10 ～ 15 个，这样更容易将邮件分类保存。如果你新建 100 个文件夹，反而会浪费时间在分类上。让事情变得简单些，只建立几个文件夹即可。

如果你回复后不需要保存该邮件，或者你可以通过其他途径获取邮件中所包含的信息，就可以考虑删除它。

处理提示邮件

很多客户工作繁忙，经常忘事。为了避免忘事，他们会将待办事项的相关邮件保留在收件箱里，但往往那些工作几个月之后才会启动。这导致他们的收件箱里总有堆积如山的邮件。

如果保留这些邮件可以提醒你本周要完成的工作，而且邮件数量不足以让你血压上升，那就不必处理这些邮件。可以在完成任务两三天后，再删除这些邮件。

如果有些长期性任务，或者提示邮件快要撑破你的邮箱，那么你就要利用提示系统，按照前面的方法将你的邮件进行分类。

预防措施

不要随意泄露邮箱地址。如果自己开公司，你应该注册一个通用邮箱（如 sales@ 或者 office@），用于印刷名片和注册账户。这是个专用邮箱，当你的团队扩大后，可以指定专人处理这个邮箱。如果信任某个卖家，你可以修改邮箱地址，让其直接发到你的个人邮箱。如果你是雇员，应该先去了解公司是否允许员工使用个人邮箱收发工作邮件。

你可以申请两个邮箱，将工作和生活分开。很多人都有自己的私人邮箱，用于处理工作之外的事务，如 @hotmail.com、@gmail.com、@yahoo.com、@me.com，等等。

如果你用公司的内部邮箱，公司有权对其进行监管并删除里面的邮件。这是建议你同时使用私人邮箱的另一个原因。

寻求技术帮助

如果无法完成我前面提到的技术操作，如申请两个邮箱、筛选邮件或设置邮件分类夹等，你可以向公司的技术能手求助，也可以雇一个人帮你操作，或者请一个懂技术的朋友吃饭，让他教你如何去做。花时间做这件事是十分值得的！

具体行动

遵循这些方法，罗伯特知道如何处理那些令他头疼的邮件了。

出差时，他会利用机场候机时间处理邮件。从最近收到的邮件开始，他快速浏览发件人和邮件主题。飞机起飞前，他已经处理完了前 6 个月的邮件。

回程时，他也如法炮制。这次他意识到，6 个月过去了，很多邮件已经不再需要处理了，所以十分痛快地删除了大量邮件。最后，他只用了 3 个半小时就处理完了 5 000 多封邮件。

罗伯特的邮箱不再充斥着成百上千封未读邮件了，里面最多也就几十封。他每天都按上一章介绍的方法处理邮件，再也没有受到邮件积压的困扰了。

筹划你的下一步行动

▶ 你的收件箱里有多少封邮件?

▶ 你最多可以接受邮箱里有多少封未读邮件?

▶ 你会在什么时候处理这些邮件?

第十七章　高效利用手机

南希特别喜欢打电话。她往往在电话响第二声时就会接起电话。她认真聆听每句话，也总是滔滔不绝地回应对方，常常一打就是一个小时。

南希从事教育工作。她觉得照顾好每一个人是她的职责，所以就把打电话的人都当成朋友。她不想让别人挂断电话后感到不悦。

南希还是一名重度拖延症患者。打电话是她下意识采取的拖延方法。她精于此道，这也是她总是无法完成工作的原因。

目　标

明确自己打电话的时间。

方　法

接电话

1. 录制语音留言，告知你的回电时间。

2. 在全神贯注工作的时候不要接电话。

3. 通话时，明确通话时长。

4. 结束通话以后，明确时间、人物和事件。

打电话

1. 明确打电话的时间。

2. 回复语音留言时，不要只留下姓名和电话号码，还要说明致电目的和回电时间。

3. 通话时，明确通话时长。

4. 结束通话以后，明确时间、人物和事件。

策 略

接电话

1. 录制语音留言，告知你的回电时间。

担心来电者不知道你的回电时间，可以录制语音留言，告知你的回电时间。

有的工作要求你在 15 分钟之内回电，有的要求在 3 个小时之内回电，还有的要求两天内回电即可。根据工作安排确定回电时间。请看留言范例："您好，我是海伦妮。请留下您的姓名、方便接电话的时间，以及您的问题。我会在下一个工作日给您回电话。"

提前告知回电话的时间，可以消除你因无法立刻回电话而产生的压力和罪恶感。

2. 在全神贯注工作的时候不要接电话。

在第三十一章"我能一心多用，却完不成全部工作"中会提到，当我们同时进行多项工作时，总会被自己打断。我们接电话的时候也是如此。

出于某些原因，我们总感觉自己应该对别人有求必应，因此，每次电话铃声响起，我们都会立刻接听。你完全有权不接听电话。你会在与公司首席执行官会面时接电话吗？除非你要处理紧急情况或从事客服工作，那会要求你随时保持电话畅通，否则不必立即接听电话。

不要在接起电话后，才告诉对方你不方便通话。人们很久以前就发明了语音信箱。我们要与时俱进，运用 21 世纪的科学技术，而不是停留在 20 个世纪 80 年代。如果你还必须亲自传达消息，那实在是太可笑了。

如果你是公司的领导，必须专注于公司的项目，并做出重大决策。你可以安排专人接听电话或负责与他人进行沟通，让自己免受打扰。当你有时间的时候，再听取详细的情况汇报。

3. 通话时，明确通话时长。

拖延症是影响效率的罪魁祸首，打电话会加重这个症状。当你和某人通电话的时候，应该提前告知你的通话时长。你可以这样说："你好，朱莉！很高兴听到你的声音，但我只有十分钟时间，之后还要与别人会面。我有什么可以为你效劳的？"

你说"与别人会面"，并不是说谎。为了完成任务，你整天都在与自己"会面"。你不必在电话里说得特别详细，除非你想打一个小时电话。但我认为你并不想这样做，否则，你也不会阅读这本书。

4. 结束通话以后，明确时间、人物和事件。

这不是一通旨在寒暄的电话，通话一定有其目的。总结通话内容，确保对每件事都理解到位。如果接下来需要完成某些工作，要明确：

接下来要做什么

谁来完成

截止日期是什么时候

以何种形式交付

了解这些之后，你会消除困惑，从长远来看，也会节省时间。

打电话

1. 明确打电话的时间。

很多时候，我们抓起电话是因为头脑中有个疑问。即兴拨打电话时，我们往往没有了解全部情况，只提到了头脑中闪过的细节，也就是说还要打很多次电话才能沟通清楚。我们总是感觉，若等不到对方的回复，就无法继续工作。但若我们统揽全局，读完所有邮件或多完成几项工作后，某些疑问就会迎刃而解。

如果经过深思熟虑，或读完桌上所有资料以后，你仍认为有必要打电话，就要考虑以下问题：

最好把电话打给谁?

你想通过打电话获得什么有用的信息?

什么时候打电话最合适? 什么时候打电话不会打断你的工作?

什么时候你可以全神贯注地打电话?

什么时候打电话可以保证双方能够顺利通话?

在打电话时, 请记住"接电话"部分的内容:

当你开始打电话的时候, 明确通话时长。

结束通话以后, 明确时间、人物和事件。

2. 回复语音留言时, 不要只留下姓名和电话号码, 还要说明致电目的和回电时间。

留下模糊的语音信息是无效的, 还不如不留。帮自己也帮对方一个忙, 说清楚你的需求。这样, 在回电话时, 他会有的放矢地答复你。

此外, 告知对方你可以接电话的时间, 这样可以节省双方的时间。甚至, 在你明确需求之后, 他的留言就可以帮你解决问题。若你仍希望进行电话探讨, 这样也可以保证他及时回电。

电话等待

有些时候, 你不得不长时间保持通话, 比如, 参加一个毫无意义的电话会议, 内容完全与你无关, 对你今后的工作也毫无用处。得知要打这种电话时, 你可以在打电话的时候找些不太费脑子的工作去做, 比如, 完成待办事项清单上的任务, 也可以从去年的邮件开始清理邮箱, 或者拆开桌上的信封。从严格意义上来说, 如果你没有认真倾听, 这样做就不算一心多用。

具体行动

我们并不想让南希变得冷漠或不友好, 我们只想让她知道频繁打电话会降低工作效率。她开始记录每次通话的时间。若没有看到那些记录, 她根本无法相信自己浪费了那么多的时间打电话。现在，遵循本章介绍的方法，南希每周都会节省出好几个小时的时间。她依然友善，关心他人，只是缩小了范围。

> 不要给杂草浇水。
>
> ——彼得·林奇、哈维·麦凯

筹划你的下一步行动

▶ 有些电话是否不必接打？

▶ 如果是，为什么要接打这些电话？

▶ 你已经使用了哪些方法？

▶ 你准备开始使用哪些方法？

▶ 你能坚持多久不去接电话？

▶ 你会如何录下语音留言？

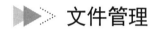 文件管理

▶▶▶ 第十八章　创建简单的文件整理体系

我年轻时曾从事教师工作，那时，我创建了一个别致的文件整理体系，为学校里每位管理者、辅导员和各部门都准备了相应的文件夹。但是后来我发现自己很少回顾这些文件，那为什么要浪费时间去创建这个体系呢？为什么要为了放几页纸而浪费一个文件夹呢？要知道，这些文件夹占据了柜子中的很大一部分空间。

在家里，我也会问自己同样的问题。除了每个月例行付款单、公司付款单，我还保存着每个商家的付款凭证。这些单据逐月堆积，对我来说，它们犹如瘟疫一样令人恐惧。这到底怎么了？我的档案柜井然有序，为什么整理这些单据却让我如此头疼？

目　标
基于使用频率创建文件整理体系，以便取用与存放。

方　法
1. 挑出每天、每周、每月或每年所需的文件。
2. 确定如何对收到和使用的文件进行分类。
3. 安排最佳存放位置。
4. 确定哪些文件夹和收纳箱最便于使用。

策　略
创建一个简单的文件整理体系。我们的目标是用最简单的方法，花最少的时间，尽可能少地移动文件。如果这方面你已经做得很好，请继续保持。否则，就要对近期进展不顺利的任务做出调整。

挑出每天、每周、每月或每年所需的文件

我们现在要将各种文件分类整理保存。开始之前，你应该考虑如何规划整理文档的时间。

研究表明，我们会再次翻阅的文档数量不足 20%。若这一些文件很少被翻阅，又何必花大量时间将其归类保存呢？整理文件是个繁重的任务，需要耗费大量时间，这也是我们通常会任由文件堆积如山而置之不理的原因，我们实在不想面对这件苦差事。

> 手握长剑冲入枪战现场，这听起来荒谬而滑稽。若不想面对这种情况，就不要因为整理文件而恐慌。
>
> ——伊洛纳·安德鲁斯的《神奇的崛起》中的柯伦

请问自己一个问题：你多久查阅一次文件？一天一次？一周一次？一个季度一次？还是一年一次？你不必每天花 30 分钟（一周工作日共 150 分钟）对文件进行复杂的分类，每天 10 分钟即可（一周工作日共 50 分钟），而且只需将文件分成简单的几类。当你确实需要某份文件时，再花时间好好寻找，不会超过每周 100 分钟，或每年 87 小时——这都是你省下的时间！

确定如何对收到的和使用的文件进行分类

我们不必进行过于繁杂的分类，因为那样将适得其反。我们要尽可能地减少类别数量。如果目录清单只有 5 ～ 10 页（而不是 30 ～ 50 页），你会很容易找到所需文件。

工作不同，分类方法也会各异。下面是某位客户的文件分类方法，他在会计部门任职：

种类	收到频率	使用频率
费用：		
消费清单	每月	极少
信用卡账单	每月	极少
保险单	每年	从不
部门收据	每天	极少

续前表

种类	收到频率	使用频率
收入：		
银行结单	每月	极少
客户支付账单	每天	很少
其他活动：		
公司声明	每月	活动前
损益表	每月	每月
人力资源政策	每月	很少

鉴于你的工作情况，你会如何进行分类？

下面是某位企业家的分类方法，他在家办公：

个人		
种类	收到频率	使用频率
费用：		
消费清单	每月	极少
信用卡账单	每月	极少
保险单	两年一次	从不
收据	每天	取得收益时
收入：		
投资收益单	每季度	从不
银行结单	每月	极少
其他活动：		
孩子的作业	每天	每半周
邀请函	每周	活动前
优惠券	每天	每周

公司		
种类	收到频率	使用频率
费用：		
消费清单	每月	极少
信用卡账单	每月	极少
保险单	两年一次	从不
收据	每天	取得收益时

续前表

公司		
种类	收到频率	使用频率
收入： 　个人养老金账户结单 　银行结单 　客户支付账单	每季度 每月 每天	从不 极少 很少
其他活动： 　邀请函 　客户资料	每周 每天	活动前 每周

基于自身情况，还有哪些分类方法？请你一边阅读下面的内容，一边思考分类方式。

安排最佳存放位置

很多人都不会反复看同一份文件，保留文件可能出于公司规定、纳税或存档等考虑。我们不必对那些不常用但又必须保留的文件进行细分。可以与公司的人事或财务部门进行沟通，了解这些文件在审计时的具体作用，尽可能地将其归入同一类别。如果你身为企业家，可以按照月份，对个人和公司的收入、支出分别进行分类，使其更便于纳税。

将日常所需文件和客户资料归入特殊类别，尽可能放在办公桌附近。比如，放在专门存放文件的抽屉里，或是放在桌下或桌边的文件柜里。

不必对不太常用的文件进行过于细致的分类，也不必将其放在办公桌附近。

以我自己为例，我的桌上有两个文件槽，一个投放与工作相关的收入支出单据，另一个投放与生活相关的收入支出单据。记好每笔账后，我就会把这些单据拿走放好。

我把每年的工作收入支出单据放在办公桌左边的抽屉里。每次收到收据、发票或顾客寄来的支票存根，我都会做好记录，然后将这些单据投进相应月份的文件槽里。无须起身走动，也无须找出20个文件夹将它们分类放置，只需打开抽屉，将它们投入相应的文件槽里即可。如果你收到的单据太多，可以考虑准备一个专门的文件柜。

我把每年的生活收入支出单据放在办公桌后侧文件柜的抽屉里。因为自从开始使用电子支付，我就不再经常收到纸质账单了。

我给每位客户都准备了一个文件夹，放在我办公桌右侧的抽屉里。因为每天都要往里面放文件，而且每周至少要查阅一次，我把这些文件归档存放在特定的文件柜里，直至最后被销毁。

我把每周所需文件分类存放在办公室左侧的文件柜里。（我习惯使用右手，所以不习惯右边有东西碍事。）

我把其他文件分为几类，存放在办公室后侧文件柜的特定抽屉里。

无论你是雇员还是老板，都应该仔细安排文件的存放位置，当然，要根据使用这些文件的频率而定。

确定哪些文件夹和收纳箱最便于使用

如果没有高效的文件收纳工具，你会觉得整理文件是一件苦差事。如果过程过于复杂，你甚至会打消整理的念头。究竟哪些工具行之有效，哪些工具效率不高呢？

活页夹：活页夹是放不常用会议材料的最佳选择，但不适合放日常所需文件。我以前特别喜欢活页夹，把各种文件都放在里面。后来我逐渐意识到，活页夹使用起来很麻烦。我们得在文件边缘穿孔，打开活页夹，掰开金属环，将文件放入，扣上金属环，然后合上活页夹。我的天！如果每次都这样做，每天的工作量该有多大！如果你工作不忙，可以慢慢将文件装入活页夹。但如果你和我一样，每天都有堆积如山的工作要完成，就尽量不要用活页夹放日常文件。

分层文件架：如果你工作中会用到很多宣传册或打印文件，那么使用分层文件夹是个不错的选择。虽然它很难区分文件类别，但如果文件都一样就没关系了，你只需要从上面随手拿就好。

风琴包文件夹：如果你在车上，需要途中整理文件，可以用风琴包文件夹。但如果要放日常文件，它恐怕不是一个好的选择，和活页夹一样，它需要来回开合才能放取文件，这实在太麻烦了。放置日常文件最好用没有分层的文件夹。

分类文件架：可以把客户或项目资料等常用文件放在高层，这样更便于取用。那些不需要处理的工作文件可以放在底层（详见第十九章"处理日常文件"）。

杂志架：我们可以把较厚的资料摆放在杂志架上，如杂志、装订成册的材料，或某个项目的相关文件。但不要只摆几页纸，因为纸张很容易滑落。

悬挂式文件夹：这些文件夹实在太实用了！打开抽屉，打开文件夹（标签应该贴在文件夹的前部，这样便于开启），将文件放入，关上抽屉。就是这么简单！你可以将这些文件夹置于文件包里或办公桌上，用来存放日常文件；或者放在抽屉里，用来存放每周所需文件；也可以放在文件柜中，用来存放其他文件。

如果你想问以什么顺序排列文件，我会告诉你一个标准答案：那就是选择适合自己的。比如：

> 按字母顺序
> 按时间顺序
> 按主题
> 按使用频率

文件柜和收纳箱里的文件没有统一的摆放标准。那怎样摆放最便于使用呢？

如果你想了解一些收纳实例，可以登录 www.HeleneSegura.com/30 tactics，你可以看到我的"最爱物品"清单，同时，还能了解如何整理办公桌上的文件。

如果你对如何选用收纳物品感到困惑，相信通过本章的学习，你已经有所收获。在对文件进行分类并创建整理体系时，你应该已经有了自己的答案。

数字化好不好？

我的丈夫是一名中学英语老师，他对我的观点持反对意见，但行为上却支持我的观点。在我认识的人中，他是最不懂智能化设备的一位。他拿着"傻瓜"手机，几年前才学会发送邮件。他不会发送推特，也不会在脸书上发表状态，对很多术语和缩略语感到陌生。然而，这个对高科技一窍不通的人竟然把文档都挂在了钥匙链上。没错，他学会了使用优盘，将课程安排、作业和讲义都存储在了优盘里。他正在学习如何将文件上传至云端，慢慢来。如果他可以做到，我相信每个人都可以做到。

如果你想浏览完文件以后，将其全部保存在电子设备上，就需要建立电子整理体系，你可以借鉴本章介绍的方法，但一定要记得备份文件！一定要把存储在云端的文件备份到硬盘，或使用其他备份软件。这样，即使无法连接互联网，你也可以读取那些文件。如果你想开展无纸化办公，一定要备份所有文件。

具体行动

如果你有疑问："我真的需要整理我的文件吗？我需要把文件分类吗？我必须这样做吗？"你应该给自己一个肯定的答案。因为这样可以帮你井井有条地开展工作，让你对每份文件都了如指掌。

首先要厘清自己的想法，了解自己的思考方式和工作方式，这样才可以知道如何创建自己的文件整理体系。若这个整理体系与你的工作相辅相成，你的工作就会变得有条不紊。开始整理你的文件吧。

在开始之前，请先深呼吸，如同潜水一样。潜水之前的检查工作并不轻松，说实话，第一次跳入水中时，你还会感到些许恐惧。但意识到水下大千世界正在向你招手时，你就会有克服一切困难的决心。

　　你会在创建文件管理体系的初期感到焦虑，千万不要放弃！在本周和下周的日程安排上规划完成这项工作的时间。你可以在这几天上班前或下班后做这个工作，或利用这一两周的休息时间完成这个工作。不管你利用什么时间整理文件，付出这些时间都是值得的。

　　如果你感觉不知所措，不知如何创建文件整理体系，可以从整理待处理文件入手。从小事开始，成功并不遥远。

　　循序渐进，根据实际情况决定进展速度。

　　要记住，创建有序的整理体系需要一定时间，一定要敢于尝试。两周后反思一下，哪些方法有效？哪些无效？再基于这些思考对你的整理体系做适当的调整。

筹划你的下一步行动

▶ 你的整理体系中哪些方法有效，应该继续使用？

▶ 阅读本章内容之后，你是否发现文件整理体系中存在某些问题？

▶ 哪些是你每天、每周、每月、每季度或每年所需的文件？

▶ 如何对收到和要使用的文件进行分类？

▶ 哪些收纳物品最适合你？

▶ 把这些收纳物品放在哪里？

▶ 本章介绍的策略方法是否使你受益？

与多数客户一样，朱莉只有在需要某份文件时才会去翻找，因为她觉得整理文件实在令人头疼，于是她把所有文件都扔进办公桌上那个四英寸高的文件筐里。当做某项工作需要时，她才会从这堆文件中急忙翻找相关文件。应付这堆文件让她身心俱疲，她想改变现状。

目　标

及时处理日常文件。

方　法

1. 确定每天整理文件的时间。

2. DID 文件处理流程第一步，把文件分成以下三类：

　　D（do something）——亟待处理的文件

　　I（important info to keep）——需要保留的重要文件

　　D（discard）——无须保留的文件

3. DID 文件处理流程第二步：分类放置需要保存的重要文件。

4. DID 文件处理流程第三步：把亟待处理的文件放在办公区，回收或粉碎无用的文件。

策　略

20 世纪 90 年代的时候，我在上大学。那时，我们用软盘存储文件，电子邮件刚刚在美国出现。有人说世界很快会进入无纸化时代。

这简直是胡说八道！

事实上，我们已经步入数字化时代，每天都在使用云存储。但相对 20 年前而言，我们却需要处理更多的纸质文件。

很多客户认为处理文件是个巨大的挑战。我也很讨厌整理文件，对分类归档文件感到头疼。既然如此，我为什么还要说下面的话？请原谅我，我一定要说：

如果你讨厌整理文件，就一定要养成每天整理文件的习惯。

如果你不喜欢，又怎么会每天整理呢？实际上……

如果你憎恶这些文件，将它们扔在一边，想着以后再整理，它们就会越积越多。你对自己说："我周末再处理它们。"但到了周末，你会扫一眼它们然后说："算了吧！我现在不想整理了，下周再说吧。"于是这些文件越积越多，直到开始不断滑落，因为已经堆放不下了。你没有及时处理这些堆积如山的文件，而是把它们塞进一个箱子，留着以后再整理。桌上的文件被塞进箱子，放在桌子底下或搁置在角落里。慢慢地，你会忘记它们的存在。直到有一天，你突然想起好像错过了某个任务的截止日期，或需要找到某个文件，才会再次打开那个箱子。

听起来是不是很耳熟？

如果是，我们就要做到以下两点：

> 如果无法每天整理文件，也要一周整理几次。（本章内容）
> 创建简单的文件整理体系，使文件整理不再烦琐。（上一章内容）

我要求你做到上述两点，如果你有异议，请转换角度思考以下问题：

你会每天洗澡（至少每两天洗一次，对吧？）还是月底一次洗几个小时？我是认真的，请回答这个问题。你为什么每天洗澡？可能不洗澡就会产生难闻的体味，这会引发许多工作上的问题，没有人愿意和散发臭味的人一起工作，生活中也是如此。你每天洗澡也可能出于健康原因，如果不去除身上的污垢和细菌，就会患上各种疾病。洗澡不是一件令人激动的事，但你每天都会做，因为如果不做，就会带来很多不适和麻烦。

整理文件也是这个道理。

我们可能不会因为堆积文件而感到气味难闻，但如果把"散发臭味"换成"倍感压力"，道理便一样了。今天推迟的工作会增加我们明天的工作量。因此，为什么不"今日事今日毕"呢？

> 快乐并不取决于外部条件，而是我们的态度。
>
> ——戴尔·卡耐基

我们应该马上着手这项工作。

无论你喜欢与否，文件、记录、信息和各类杂事都会源源不断地涌入我们的生活。我们要学会接受，学会建立一个体系来管理这些文件。如果没有制定日常规划，你很可能会遗漏一些重要的事情，更糟糕的是，你会因为各种积压的工作而感到无所适从。

每天整理文件就像每天洗澡那样简单。

如何整理文件？试试我所说的"DID 三部曲"吧！

确定"DID 三部曲"每天分类整理文件的时间

为了不让文件堆积如山，我们每天都要处理新收到的文件、物品和信息。最好在列出 3+3 清单前就确定"DID 三部曲"的时间。第一次可以设定为 30 分钟，慢慢地再根据你的实际情况增减整理时间。可以设置定时器，提醒自己集中精力做这项工作。

（如果你有很多文件需要整理，请参考第十二章"整理办公室"。）

哪些文件需要整理？

文件

名片

收据

各种会议记录、谈话记录和记录想法的便条……

你办公室里的文件和物品（纸质的和电子的）

将文件分为三类

这是"DID 三部曲"的第一步。请把所有文件（同样适应于电子邮件）归为三类，即 DID：亟待处理的文件、需要保留的重要文件、无须保留的文件。

1. 亟待处理的文件：这些文件提醒你要做的工作，如给某人打电话，给某人发邮件，回复信件或者去往某地。

2. 需要保留的重要文件：什么样的文件需要保留呢？很多人在清理文件时会遇到这个问题。到底什么应该被保留？什么应该被扔掉？最好事先咨询你的老板，或熟悉法律和税务方面知识的同事，以下是几条通用规则：

应该保留的文件：

> 身份证明
> 所有权证明
> 纳税证明
> 仍然适用的法律、税务、政府、投资和房地产交易证明
> 保险证明
> 客户文件
> 人力资源文档、合同和记录

永久保留的文件：

> 身份证明——出生证明、社会保障卡、护照、结婚证明、离婚证明、死亡证明、营业执照……

需要保留七年的文件（如纳税和养老保险相关文件）：

> 所有纳税所需文件，用于计算你的纳税额度。（理论上，这些文件只需保存三年，但如果需要进行审计或处理养老保险相关事宜，你需要提供七年的文件。）

无特定时间期限的文件：

具有原始签名的法律文件

具有原始签名的房地产交易文件

所有权的证明——住房、汽车、投保的贵重物品（个人），公司
股份、财产和设备（业务）

年度成本报表

纳税申报表

承保期内的保险证明

近期客户文件

人力资源文档、合同和记录

（鉴于各公司和个人的情况，你需要咨询老板、法务代表，或注
册会计师，以确定具体文件保存时间。）

可以丢弃的文件：

不属于上述类别的文件

在网上可以找到的文件 / 信息

已阅文件（有电子版备份）

有些行业需要保留患者或客户记录长达十年。每个公司都应该制定文
件保留规定，这样员工就知道哪些文件需要保存，以及其保存地点和保存
时间了。

3.无须保留的文件：我最喜欢处理这些文件！不属于上述类别的文件和
已阅文件（有电子版备份），还有你费尽心思也想不出保存理由的文件，都
不必保留。为它们找一个好的去处，尽可能地处理干净，可以将其送交
废品回收或直接销毁。

分类放置需要保存的重要文件

这是"DID 三部曲"中的第二步。如果只是把需要保存的文件摞在待整
理的文件上面，它们就会被忽略。立刻行动起来吧，整理这些文件并不会占
用你太多时间。别忘了，你已经在前一章创建了自己的文件整理体系。

把亟须处理的文件放在办公区

在整理完文件以后，你可能会把亟须处理的文件与其他文件混放在一起。这样你在查找文件的时候就会浪费大量时间，导致无法按时完成工作，甚至完全找不到所需文件。有什么办法可以避免发生这种情况呢？

在处理文件时，要牢记效率管理大师戴维·艾伦的建议：如果你可以在两分钟内完成这项工作，那就立马去做。一旦这项工作完成，相关文件就可以从亟须处理文件变为需留存文件或需丢弃文件。

如果你无法在两分钟内完成这项工作，而且当时也没有时间，那就在你的计划表上标明完成时间。如果必须完成某个文件上所注的工作，就将其放在你的办公区，否则就丢弃它吧。把亟须处理的文件放在你随时能看到的地方，这样可以督促你完成那些工作。

就我而言，我会把文件放在笔记本右侧的文件架上。放在前面的文件需要尽快完成，靠后的可以等到本周结束时完成。我习惯一进办公室就打开笔记本，同时也会看一眼那些亟须处理的文件。我在电脑上设置了提醒，在特定时间会收到一封邮件提醒我去完成相应的工作。

怎样做才能更好地提醒你呢？

回收或粉碎无用的文件

完成最后一步，你的"DID 三部曲"就大功告成了。

你的公司需要设 DID 日吗？

前瞻性强的公司会将某一天设为文件整理日，要求全员参与。我很赞同这个做法。我们早上开会进行时间规划，下班前再进行工作总结。这种安排很高效，因为你将干扰因素集中在了一天——员工只在那一天请示你保留哪些文件，丢弃哪些文件，文件摆放在哪里等，而平时你就不会受到

> 如果不是全身心投入，任何目标都不会取得进展。缺少切实的努力，一切目标都是空想，不可能实现……全身心的投入给了我们坚持下去的动力，只有这样才能实现目标。
>
> ——海蒂·瑞德

打扰了。采纳我的建议整理文件，一般情况下，你不必腾出一整天的时间。如果近期需要整理的文件实在过多，可以考虑用一两天的时间按照"DID 三部曲"进行整理。

具体行动

整理文件看起来是需要精心设计的工作——事先思考，做出计划，付诸行动，没错吧？以你的经验来看，的确如此。这么做值得吗？当然值得！

你可能会问："我每天都要这样做吗？"如果你想工作更高效，时间更充裕，就要这样做，因为这样可以帮你节省时间，让你有更多时间陪伴家人、朋友和爱人。这也是你阅读本书的初衷。

本章介绍的"DID 三部曲"看似需要严格管理和精心组织，却正符合我们大脑的需要，一步一个脚印地完成工作。这个方法可以把复杂无聊的工作变得简单易行。当你告诉自己整理文件并不复杂，一步一步走下去时，一切都会变得简单易行。尤其是，完成这项工作只需 1 天，不是 3 天、15 天或 30 天。

如果你不相信，就让事实说话。

你阅读本书的初衷是改变效率不高的工作现状，那你为什么不按照书中介绍的办法尝试两周呢？朱莉使用了这个方法，现在她再也不需要费时费力翻那个文件筐了。

筹划你的下一步行动

▶ 你多久整理一次文件？

▶ 你会在什么情况下整理文件？

▶ 你喜欢的事物有所改变吗？

▶ 你会在什么时候整理文件？

▶ 如果有成堆的文件要整理，你会何时采用"DID 三部曲"进行整理？

▶▶▶ 第二十章　随时随地记录，永不忘记保存

我有一个客户名叫希拉，她是一名成功的医师。因为名声在外，她参加的会议比看的病人还要多。她总是找不到会议所需记录或待办事项笔记，并因此感到沮丧和恼怒。

她到处寻找，翻看自己的邮件、手机备忘录、Dropbox、Evernote、十个便签本、四个背包、三个笔记本、两个钱包，以及梨树上的鹧鸪。当然，最后一句是在开玩笑。

她发现自己找笔记的次数越来越多。起初，一个月找几次，然后一周找几次，现在是每天都要找几次。她意识到查找这些该死的笔记每天至少要浪费一个小时。

她必须想办法停止这无谓的浪费，结束这种令人沮丧的状态。

目　标
每天整理你的笔记。

方　法
1. 随身携带纸质记事簿。
2. 准备电子记事软件。
3. 每天下班前整理笔记。

　　检查笔记，补全空白。

　　在日程表上标明待办事项。

　　将笔记分类保存。

4. 每个月检查一次你的笔记。

策 略

随身携带纸质记事簿

如果你已经做到百分百的智能化，可以略过这一步。否则，你可以看看文中内容是否让你有所借鉴。可供选择的记事簿如下：

迷你线圈本：你可以放在钱包或口袋里。

正常尺寸线圈本：如果你习惯背大挎包或大号公文包（或某种尺寸的背包），可将笔记本放入包中。如果你愿意，可以为每个会议单独准备，但这并不是很方便。

活页笔记本：这是线圈本的升级版。你可以将纸张取下，放在笔记本中的其他地方，并设置分隔页。分隔页可用于区分不同内容。

三线圈活页夹：如果你随时携带背包，可以把它放入包中。分隔页可用于区分不同内容。

你还喜欢其他种类的记事簿吗？

准备电子记事软件

如果你不习惯用笔和纸，或者觉得纸质和电子记录都可以接受，可以在随身携带的电子设备上安装一个应用程序，该程序最好可以离线使用。如果没有，也要准备好一个记事本。可供选择的应用程序有：

电子记事本：大多数电子设备都自带记事本，你可以随时保存或调取笔记。

Evernote：该软件可以和电脑或手机同步，让你可以随时随地做记录。

任务管理程序，如 Toodledo、Remember the Milk，或 Things：这些软件可以帮你记录信息碎片，最后再加以整理。

客户关系管理软件：该软件可以让你针对各个客户或公司分别做会议记录。

电子文档：你可以大量记录信息，稍后再对其进行编辑。

电子邮件：你可以把信息储存在邮件中，然后再发送给自己。

Moleskine：一个传统的记事本，可以与 Evernote 同步，你可以做好笔记，然后再发送至 Evernote。

想获取更多相关程序，请登录 www.HeleneSegura.com/30 tactics。

每天下班前整理笔记

在理想情况下，你只需利用以上任意一种记录工具，在会议结束时整理好笔记，再分类保存即可。但实际情况总是和理想状态有所出入，你可能在随手抓起的纸片或餐巾纸上做了记录，或者用手机里随意打开的软件做了记录，接着就赶往下个会场或活动现场了。所以每天整理笔记是非常必要的。

> 勇于承担责任。
> ——莱斯·布朗

整理笔记，补全空白

有时候你只记下了关键词或有用的语句，在几天或几周后回看笔记时，就会感到困惑：我写的到底是什么?！所以，应该在完成 3+3 清单的过程中，整理你的笔记（无论是纸质的还是电子的），并将会议时因为仓促而漏写的内容补全，以免日后产生疑惑。

在日程表上标明待做工作

参加完会议之后，你可能会开展新的工作，要在日程表上标明，以防自己遗忘。如果使用任务提醒系统，也应进行相应设置。

将笔记分类保存

无论是采用哪种方式做的笔记，都应该妥善保存。你可以放在：

档案柜里的文件夹：给每个公司或客户准备一个文件夹，用来存放纸质笔记。如果你用电子设备进行记录，可以打印出来再将其存入文件夹（A 计划，你只需一个保存位置），或者新建一个电子文件夹（B 计划，你需要两个保存位置）。

电子文件夹：如果你主要使用电子设备进行记录，偶尔在纸上做了笔记，可以用 PDF 软件将它们扫描到电脑上，然后存入电子文件夹中。

每天下班前，整理好纸质版和电子版的笔记，这样就可以快速找到有关某个会议或客户的记录了。

每月回顾笔记

这样做可以确保万无一失。回顾上个月的笔记，可以提示你未完成的任务。如果你有很多客户，每月回顾大量的会议笔记可能不太现实，那就在会议结束几周后，或在下次会议开始前一周再回顾它们，这样会更有效。此外，这样做可以让你及时处理不需要的笔记，为你的办公室和电子设备节省空间。

具体行动

一开始，希拉在开会时会携带着三线圈活页夹，可是渐渐地，她发现自己还是喜欢用旧线圈本进行记录。这不是问题，养成每天下班前整理笔记的习惯，即使记录的线圈本很多，她也可以随时找到所需的笔记。将笔记有序分类保存后，希拉终于不再被这类事所困扰了！

在专注高效地工作以后，她发现基本不需要回顾那些笔记了。在笔记上列下所需要完成的工作，以便随时翻看。每次记录会议笔记时，希拉都会把第一页留出一半（标题和会议日期下面），在那里记下所需要做的工作，这样更便于翻看。

筹划你的下一步行动

▶ 你找笔记用了多长时间？

▶ 你最近使用什么方法记笔记？

▶ 这个方法是否适合于你？

▶ 你最近使用什么办法整理笔记？

▶ 这个方法是否适合于你？

▶ 你最近使用什么方法进行分类？

▶ 这个方法是否适合于你？

▶ 你打算如何改善现状？

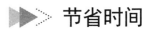 节省时间

第二十一章　了解时间去向，做好时间规划

你是否有过这样的经历，每当看着墙上的挂钟、手腕上的手表或手机上的时间时，总会不禁感叹："时间都去哪儿了？"

你是否时常觉得时间在不知不觉中流逝，自己却毫无建树？

我的客户南希对此深有感触。我们在前面对她有所了解，她每天都会工作到很晚，但还是觉得时间不够用，无法完成工作。

在第一次见面时，我给她布置了一项作业：写下未来一周的时间安排。

起初，南希并没有完成作业，因为一想到这个问题她就难受。她觉得这个作业需要花费很长时间，对她来说是巨大的浪费。她朝我微笑，似乎在说："我表现得已经很礼貌了，但这个作业让人头疼，我并不打算完成。"

不出我所料，当我们第二周见面时，她没有完成我留的作业。在讲述前一周的生活时，她突然大哭起来。那又是一个充满压力的一周，她没日没夜地工作，但还是没能完成所有工作。我问她如果一直处于这种状态，生活会有所改善吗？她的双手交叉在胸前，抿着嘴，厉声说道："不会！"

我们约定，若她按照我的要求去做也未能改善现状，下次见面时就可以炒我鱿鱼。她没有再质疑我，也没有与我争执，而是振作精神，决定试一试。

南希坚持记日志，最终，她找到了总是长时间工作的原因。写日志只需 15 分钟，坚持一周就可以帮她养成好习惯，让她在以后的日子里每天节省几个小时。

南希没有炒我鱿鱼，而是改变了自己的工作方式。

目　标

了解你每天的时间安排，做好时间规划！

方 法

1. 记下每天的时间流向。可以做一个表格，或者登录 www.HeleneSegura.com/30tactics 下载我的表格。

2. 了解你的时间被浪费在哪里了。

3. 避免这些浪费。

策 略

做好时间规划

我在和米歇尔共进晚餐时聊到了人的个性、职业道德，以及工作完成的情况。当谈到时间掌控的时候，她说："没错！一定要做好时间安排！"

你需要了解自己的时间去向，才能合理规划时间。你每天究竟做了什么？做这些事用了你多长时间？

为什么无法确定工作的优先顺序？可能因为我们根本就不知道已经完成了哪些工作，需要完成哪些工作。我们只知道自己从早到晚工作缠身，却说不出究竟完成了哪些目标。

当你专注自己的工作，明确了待办事项，大脑也会随之变得更加专注，从而更有效地利用时间。

生活实例

在当今社会，人们越来越难以区分生活和工作，如果在工作中浪费时间，留给生活的时间就会相应减少，反之亦然。

在给客户做完评估后，我发现他们每天在社交媒体、电视节目和志愿服务上用时多达 4 个小时，却并没有意识到自己浪费了那么多时间。因为他们用 15 分钟做做这个，再用 15 分钟做做那个，偶尔还会放纵自己几个小时。如果你所做的事情对工作和生活中的要事和目标无益，就应该问问自己：这些事真的重要吗？

你应该继续浪费那么多时间浏览社交媒体吗？有些人每天都会浪费几个小时刷社交网站。当然，脸书可以让你了解朋友和家人的动态，拼趣可以让你发现奇思妙想，但如果你想要过充实的生活，是否应该在这些网站上花那么多时间？如果你想实现自己的目标，在这些网站上花多长时间合适？这事关个人选择。我认为浏览社交网站是件浪费时间的事，但我并不反对它。我反复强调这个问题是因为曾目睹很多人在网上浪费了大量时间。认真反思你的上网时间，确定是否继续保持目前的生活状态。

我曾在拼趣上看到这样一则留言："我目前陷入了深深的忧虑之中，还应该继续用拼趣吗？"这是一个好问题。

你应该继续浪费那么多时间看电视吗？有些客户喜欢某些电视节目，却只看视频回放。这是一个好办法，因为在半小时的电视节目中，实际上只有20分钟到22分钟的有效内容，因此看节目视频回放会帮你省去广告时间。然而，如果每晚节目时长为3个小时，你仍然需要用两个小时才能看完。每天两个小时，一周就是14个小时，一个月就是60个小时。每个月看60个小时电视，真的有助你完成重要工作和实现目标吗？

你是否可以停下某些手头的工作？这样也会节省很多时间。我大概在十年前意识到自己在看电视上花了太多时间，从那以后就不再看电视了。但我仍会在周末看橄榄球比赛，或看马刺队的决赛。与其浪费时间看电视，不如做些更有意义的事。我觉得熨衣服之类的事情太浪费时间，所以不熨衣服，不吹头发，我的丈夫也不必天天刮胡子，每两天刮一次就行。只要你有决心完成那些最重要的目标，就会自然而然地放弃做那些浪费时间的事。

> 最终，我们自己，而不是别人，偷走了我们的时间，埋没了我们的才华，剥夺了我们的成就。
>
> ——丹尼斯·维特利

了解你的时间流向

当客户了解自己的时间流向之后，他们感到非常吃惊，也有些许恼火。看到自己竟然在这些疯狂的行为和无用的事情上浪费了那么多时间，他们对自己感到失望。但并没有绝望，因为他们知道这些浪费都源于自己的选择，若做出更好的选择，就会节省大量时间。大脑可以控制他们的选择，所以他们完全可以掌控自己的时间。明白了吧？！

为了成为变革的先锋，你需要提前规划，随机应变。想要更好地利用时间，你必须知道自己近期的时间利用情况，然后抓紧时间。

具体行动

南希认为每天不断工作是成功的象征。她发现自己对成功的定义并不准确。整天疲于奔命并不代表她完成了最重要的工作，或者在能够推动她事业更上一层楼的项目上取得了进展。

翻看每天的记录，她发现自己并没有在所谓的工作时间里专心工作，也没有在所谓的私人时间里充分享受生活。她总是用 10 分钟处理这个工作，再用 30 分钟处理那个工作。工作时间和有价值的工作时间是两个概念，她并没有区分清楚。

南希发现，如果随机选择任务，工作就会变得更复杂、更棘手。这让她没有时间发掘新客户，无法让当前的客户满意，也不能在不加班的情况下高效工作。

仔细研究了她的日志以后，我们发现了很多有待改进之处，可以让她节省很多时间。她每天都浪费几个小时做如下事情：

> 早上匆忙地处理邮件（缺少重点）。
> 在不想做手头工作的时候，浏览网页或者社交网站（拖延症）。
> 收到提醒，立即查看手机或电脑的信息（注意力分散）。
> 工作太多，不知从何下手的时候，翻找桌上的文件（不知所措）。

她也发现自己在那些不能带来直接收益的工作上投入了太多精力，以及在自己的短板工作方面投入的时间很少，比如：

> 编目票据
> 核对账目
> 设计展示图表
> 校对新闻稿

　　了解时间流向能帮助她及时更改日程安排和工作习惯，让她更高效地完成有效工作，甚至在亲力亲为的状态下节省更多时间。她还发现，把每周 75 小时的工作量压缩到 40 小时是不切实际的想法，怪不得自己感到精疲力竭！

　　了解你无法按时完成工作的原因——拖延、分神、缺乏重点、不知所措……你就可以大大减少每天浪费的时间！

筹划你的下一步行动

▶ 在追踪时间流向过程中，你最大的发现是什么？

▶ 你每天都会浪费时间……做一会儿这个，做一会儿那个。哪些事会浪费你的时间？

▶ 你应该如何避免浪费时间？

▶▶▶ 第二十二章　围绕生活要事和目标进行规划

2000 年初（听起来很久远了），我步入了连续创业的阶段，也因此成为一名不称职的妻子。

我每天除了工作还是工作。

每天，我在吃早餐的时候和丈夫打个照面，然后就冲到电脑旁查看邮件，忙着工作。我们会在开车上班途中探讨一些重要的工作和当天的计划，希望工作上一切顺利。下班后，我们一起回家，在路上梳理当天的工作。我们一起分享快乐，也共同分担压力和挫折。

到家后，我会径直走向电脑，继续工作。幸运的是，我的丈夫擅长厨艺，所以他会准备晚餐。晚饭时，我们会多聊一会儿，然后我又回到电脑前，一直工作到睡觉。每天晚上我都在工作中度过，周末也是如此。

这样的日子持续了一段时间。终于有一天，丈夫冲我大喊："嘿，电脑狂人！我可以预约个时间和你见面吗？"

该死，这实在太糟糕了。即使生活在同一个屋檐下，我们也很少交流。他说我比青春期孩子还恶劣，因为我只是在吃晚餐时去趟厨房，吃完就继续工作了。这样的生活实在太无趣了，显然不利于维持婚姻关系。因此，我们坐下来探讨如何高质量地相处，也表达了对彼此的期望。从那以后，我开始确定生活中的要事和目标。

目　标

在规划工作安排之前，考虑你生活中的要事。记住自己和家人比工作更重要。

方 法

列出自己的时间规划。你可以登录 www.Helene Segura.com/30tactics 下载我的模板。（没错，它与前一章下载的日志模板相同。）

注意：不要一次性完成时间规划。在确定最终计划之前，多打几份草稿，做出最适合你的计划。建议每个季度回顾这份计划，并做些必要的调整。

1. 确定所有生活中要做的事。

2. 回顾你在第二章列出的生活要事，以及在第三章列出的生活目标。

3. 如果你要做的事能助你完成这些要事和目标，在边上画一颗星星。

4. 在时间表上标明晚上睡觉的时间。

5. 睡前安排 30 分钟减压时间，不使用任何电子设备。

6. 确定起床时间，保证 7～8 个小时的睡眠时间。（如果了解自己所需睡眠时间，就遵循自己的习惯。）

7. 确定晚餐时间。

8. 确定早餐时间。（午餐也很重要，但要列在工作计划时间表中。）

9. 在时间表中列出能助你完成要事的活动：

锻炼？

冥想或者祷告？

发泄？（有趣！）

其他活动？

10. 在时间表中列出能助你完成目标的人物：

重要的人或配偶？

孩子？父母？

好朋友？

房屋维修人员？

其他人和事？

值得注意的是，不要把从事志愿服务、浏览社交网站、在手机上聊天、发信息或看电视列入计划。这些事已经在我们无意识的状态下占据了太多时间。但这并不是让你把它们从生活中彻底清除，如果这些事可以让你的灵魂得以满足，或已成为你生活中必不可少的一部分，那么，你也可以把它们列入日程，否则就不要这样做。

　　现在，你的计划表中应该已经有了不少内容。但如果做计划让你感到忧虑，就停下来做几次深呼吸。相信我，制订计划可能没有那么有趣，但会让奇迹出现。你的大脑会知道如何更好地规划时间，并根据实际情况做出改变。你会完成所有任务，还会省下时间做些有趣的事。通过制订计划，你会知道时间是多么宝贵，以及如何高效利用时间。

策　略

生活中的必做之事

　　你知道自己做了很多事，但究竟为什么做？明确自己想做的事，才能分清主次，确定顺序。列出待办事项清单也便于自己向别人求助，详见第三部分"组建你的团队"。

　　以下是生活中的必做之事：

> 做饭
> 打扫卫生
> 洗衣服
> 照顾孩子
> 购物
> 家庭维修
> 跑腿
> 发邮件、打电话、发信息

还有哪些事要做？还有哪些事需要你负责？

以自己为中心

还记得欧莱雅的电视广告吗？广告中出现的一般都是漂亮的模特或女演

员，她们会宣扬欧莱雅化妆品或洗发产品的优点。在广告的最后，她们总是会说："你值得拥有。"

制订时间计划也是同样的道理。在乘坐飞机遇险时，如果你自己不先戴上氧气面罩，又怎么能够帮助身边的人呢？你自己是最重要的，其他一切都要以你为中心。

在客户制订的计划中，工作总是被放在前列。我当然知道工作非常重要，因为衣食住行都需要钱，而工作是收入的来源。

但是，如果没有时间保养身体、头脑和灵魂，你就不可能全身心地投入工作之中。这也是我们首先要对生活进行规划的原因。在接下来的章节中，我们也会对工作进行规划。

如果你已经在纸上或电子日历上列出了必做之事，没有关系，我并没有要求你必须使用我的表格。相反，我只想让你把模板当作帮助你学习和计划的工具。记住，你不是在写军令状，承诺在规定时间内完成相应的任务，你是在学习如何规划时间，将时间合理地分配到重要的事情和目标上，这样才能做到提前规划、随机应变。基于现实情况，调整你的计划，这可以帮助你明确生活中的重点和目标。

在规划每天的日程安排时，你需要实践上面提到的流程。确定维持身心健康，以及维系生活中重要关系所需的时间，这样可以帮你列出更为切实可行的待办事项清单，也能帮你更合理地分配工作和生活的时间。

> 时间就是金钱。你应该自己消费，而不是让别人替你消费。
> ——卡尔·桑德伯格

每天回顾日志，这十分重要，可以确保你有足够的时间实现生活和工作中的目标，完成生活中的要事。

具体行动

和那些有远大抱负的人一样，我在新领域的成功源自内在动力。但付出了怎样的代价呢？情绪波动时做出的决定是不理智的……只有在大脑冷静思考的时候，你才能做出明智的决定。

我没有经营好婚姻，也没有照顾好自己。除了工作，我没有自己的生活，也没有任何兴趣爱好。我没有兴趣阅读，精神上也得不到满足。我所拥有的一切就是我的工作、我的狗，还有那位一同生活的男人。

在与丈夫进行长谈之后，我意识到自己一直试图掌控命运，却缺少明确的目标。我无法确定赚够多少钱就可以不工作了。我只是想一直走下去，不断地寻找下一件令我兴奋的事。我的下一项工作是什么？一本新书？更新网站的主页？推出一款新产品？开一场新闻发布会？我只是漫无目的地在路上行驶，顺便捎带一些搭便车的人。缺少事前计划，这只是技术活而已。

此外，我发现自己擅长项目管理，知道如何处理工作，但是生活上也应如此。生活中的要事并非偶然出现，我们要学会规划，保证顺利完成。

> 重点：婚姻。
>
> 目标：每天共进早餐和晚餐，在工作日每晚至少共度一个小时，在周末每天至少共度五个小时。
>
> 任务管理：将这些目标列入日程，确保顺利完成；做出周末计划，一起进行房屋修缮，或在晚上做些有趣的事。

如果你从没有给自己足够的关注，这个方法同样适用于照顾自己。

我实践了本章的方法，重塑了对时间的认知。现在，我已经可以按照理想的方式工作和生活，也更加珍视时间了。

如果你因无法平衡工作和生活而疲惫不堪，就从规划开始，列出重要的事，切记：先生活，后工作。

筹划你的下一步行动

▶ 你刚做的计划和最近做的事一致吗？有何不同？

▶ 你列出的哪些生活任务可以让其他人帮助完成？

▶ 每天回顾要事和目标，是否帮你实践了本章介绍的节省时间的策略和方法？

▶ 列出计划不仅有助于更好地完成工作，还可以让你更好地享受生活，你对此有何感触？

▶▶▷ 第二十三章　甄别有价值的工作

特丽就职于一家很有影响力的金融公司。她也为自己确立了很高的目标，希望业绩可以达到 500 万美元，而目前她的业绩只有 200 万美元。她每天的工作时间长达 14 个小时。她希望可以缩短工作时间，完成自己的业绩目标，还能抽出更多时间陪伴家人。

我让她列出所有要做的工作，就像前一章列出生活必做之事一样。她要做的工作可真多！下面是部分清单：

写发票

处理应收账款

培训公司员工，当讲师

发掘商机

准备提案

会见潜在客户

准备年终总结

进行年度客户回访

进行宣讲

拓展人脉

与客户共进晚餐、午餐

继续进修

帮助同事完成工作

> 明确目标是成功的开始，缺乏目标是成功路上的绊脚石，因为不成功的人从不知道目标是什么，也不知如何去做。
>
> ——拿破仑·希尔

　　　　处理邮件

　　　　打电话

　　在对她的工作习惯进行评估之后，我发现她很容易分散注意力，总是在不同工作之间来回切换，经常一心多用，并且不懂得拒绝。

　　如果她想做出改变，我可以帮她每天少浪费两个小时。但问题是，她现在每天工作14个小时，我可以帮她在保证工作进度的情况下，将工作时间缩减至12个小时，但她最好每天只工作10个小时，这样才会有更多的时间陪伴家人。况且，她始终坚持业绩翻两番的目标。

　　我们需要共同做出选择。

目　标

　　确定对你最有价值或能带来收益的三件事，以及必须由你完成的三件重要工作。

方　法

　　1. 列出你需要完成的所有工作——每天、每周、每月、每季度，以及每年的工作。哪些对你的工作或公司有利？

　　2. 在纸上、墙面贴的表格上、笔记本电脑或平板电脑上将这些工作分为四类：

　　　　必须亲自完成的工作

　　　　可以让我做，也可以让别人做的工作

　　　　别人肯定能完成的工作

　　　　有待考虑的工作

　　3. 仔细分析每项工作：

　　　　这项工作会带来多少直接收入？

　　　　如果你不在销售部门工作，这项工作也不能为你带来直接收益，那么它对公司有多重要？（这项工作可以帮助、维持或者带来多少客户？有多少产品能够得到改进？……）

完成这项工作需要哪些技能？

如果这项工作由别人来做，他搞砸一两次会造成多大的损失？

你最喜欢哪些工作？

你最不喜欢哪些工作？

4. 确定哪些工作最有价值。

5. 列出最有价值的工作清单，帮你更好地做出时间规划。

策　略

确定哪些工作最有价值

特丽喜欢对待办事项一目了然，所以，我们在墙上贴了四张大纸：

接下来，我们拿出她列的工作清单，开始仔细分析每项工作：

1. 这项工作会带来多少直接收入？

从本质上说，我们从每项工作中都会有所收获，但如果知道某项工作能给我们带来 1 000 美元的收入，而另一项工作却只能带来 100 美元的收入，或者某项工作可以给我们带来一位新客户，而另一项工作可能带来十位新客户，你就明白这些工作的价值有巨大的差异。

2. 完成这项工作需要哪些技能？

特丽是唯一有脑力、知识或者资格完成这项工作的人吗？是否其他人经过培训也可以完成这项工作？你的实际情况是怎样的？

3. 如果这项工作由别人来做，他搞砸一两次会造成多大的损失？

让我们直视这个问题——我们都不是完人。因此，我们要知道完成任务的同事或员工也都不是完人。犯错误会有什么后果？如果资金转账的复杂流程出现问题，可能会造成很大的经济损失，也可能让我们失去一位客户，这就是比较严重的后果。然而，如果只是幻灯片的字体或者颜色出现差错，后果就没那么严重了。

4. 你最喜欢哪些工作？

如果这些工作让我们充满激情，我们就会更加努力，也会更快地完成任务。

5. 你最不喜欢哪些工作？

我们在做不喜欢的工作时，常常会犯拖延症，从而浪费时间。

大概过了一个小时，墙上的四张纸被填上了如下内容：

特丽必须亲自完成的工作：

> 会见潜在客户——她需要与每个客户建立联系，并且善于抓住客户的心。这项工作将会为她带来新的生意，增加业绩，因而她每次与客户会面时都很兴奋。

> 进行年度客户回访——客户是由她拉来的，为了维持关系，她需要与他们保持联系。这不仅为她带来了不菲的收入，而且完成这项工作有助于保持与客户的关系。她有时害怕见这些客户，因为没有时间做充分的准备。如果时间充裕，相信她会重新喜欢上这项工作。

> 与客户共进晚餐、午餐——这件事让她有些疲惫，因为吃饭时她总是想着那些必须由她亲自完成的工作。然而，与客户一起吃饭可以加深她与客户的关系。她计划与每个客户每半年吃一次饭，也

就是说每年都会一对一地与客户至少见两次面，除了吃饭，她在回访时也会与客户见面。

继续进修——不出所料，她也需要继续学习来完善自己，否则，她将会失去从业资格。

可以让特丽亲自做，也可以让别人完成的工作：

发掘商机——其他人也可以得到潜在客户姓名、邮件地址、电话号码。经过一定的培训，其他人也可以通过电话推销产品。

拓展人脉——这是特丽最擅长的事情之一。她要出席各种不同的活动。她可以只参加最有价值的活动，安排别人参加其他的活动，也可以放弃意义不大的活动，将主要精力用在有价值的活动上。

处理邮件——特丽需要处理一些邮件。有很多提高邮件处理效率的方法，详见第十四章至第十七章的相关内容。

打电话——特丽必须要打一些电话。有很多减少打电话数量的方法，详见第十四章至第十七章的相关内容。

别人肯定能完成的工作：

填写支票——行政或会计部门的同事都可以处理。

处理应收账款——填写支票和处理应收账款不会直接带来收益，你可能觉得这种说法很可笑。但赚到钱以后，收钱就是行政部门的任务了。如果没有赚到钱，也就不存在收钱的问题。特丽应该花时间赚钱，而不是收钱。

准备提案——只需适当的培训和一个好用的模板就可以完成。特丽不必把时间花在这件事上。

准备年终总结——只需适当的培训和一个好用的模板就可以完成。特丽也不必把时间花在这件事上。

有待考虑的工作：

培训公司员工，当讲师——根据公司规定，每一个有晋升机会的员工都应该担任培训讲师，特丽也不例外。为了节省时间，我们为接受特丽培训的员工设置了参训条件，这样就不会耽误特丽过多的时间了。

进行宣讲——经过与特丽的交流，我发现比起参加各种拓展人脉的活动，进行宣讲可以帮她拉拢更多潜在客户。然而，宣讲前需要大约5小时的准备时间，宣讲则需要两个小时的时间，而出席活动就无须花费这些时间。通过计算可以得出，在宣讲上花7个小时比花两个小时出席各种活动带来的收益更多。所以，我们最终将这项工作划归为必须由特丽亲自完成的工作，并且缩减了她出席活动的场次。

帮助同事完成工作——就她所处的环境而言，这是一个纪律问题。所以我们想出了一个方法帮她解决这个问题，因为她不能直截了当地拒绝这些同事。

具体行动

我们为特丽提供了以下三种选择：

选择1——按照我的方法，将工作时间从每天14个小时缩短到10个小时，将业绩目标定为200万美元。

选择2——按照我的方法，将工作时间从每天14个小时缩短到10个小时。重新安排人员或雇用新员工完成行政工作，让自己集中精力完成最有价值的工作。第一年将目标定为300万美元，第二年再定为500万美元。

选择3——换一份工作。这不是开玩笑。如果你觉得无法承受目前的工作压力，而老板又拒绝采纳你的建议，你是继续悲惨地原地不动，还是跳槽到另一家公司？或许你赚钱没有现在多，但是可能会更快乐。

特丽选择了第二种方法，但她还是想着马上完成 500 万美元的业绩目标。但我告诉她，改变习惯需要一些时间（让她每天减少 4 个小时的工作时间并非易事），重新安排人员或雇用新员工并对他们培训也需要时间。最后，她同意按照实际情况确定业绩目标。

所以，我们的计划是：充分利用时间，重新配置人员，妥善分配工作。

现在我们要确定将工作分配给谁，以及雇用哪些新员工。若想妥善分配任务，就必须清楚地了解每个人所肩负的责任，那么如何明确他们肩负的责任呢？

首先，你必须明确自己的责任，这也是本章的重点。知道自己应该首先承担哪些重要责任，才能更好地利用时间，分配任务。如果你无法为部门人员重新分配任务，也不能多雇用一些能够胜任工作的员工，就应该关注第三部分"组建你的团队"。

现在，既然你已经知道了什么是最有价值的工作，那么就可以在此基础上更好地规划工作了，这也是我们将在下一章讨论的内容。若想高效利用时间，就要把时间用在刀刃上。

筹划你的下一步行动

▶ 对于你来说，哪些工作是最有价值的？换句话说，哪三项工作为你的公司带来的收益最大（客户最多、满意度最高，等等），而且这些工作只有你能够胜任？

▶ 你刚刚确定了对你最有价值的工作。你在这些工作上花费了多长时间？

▶ 在你列出的这些工作中，哪些是可以由别人来完成的？

▶ 哪些工作意义不大，可以放弃？

▶ 当你明白规划时间既可以帮助你完成工作，又可以让你享受生活，有什么感受？

▶▶▶ 第二十四章　围绕工作要事和目标进行规划

在我刚开始从事规划师工作时，可以无条件地随时为客户提供服务。我不敢拒绝别人，因为担心一旦满足不了他们的需求，他们就会转向其他人，我的收入也会因此减少。我在工作日的白天和晚上或周末时间都是有求必应。如果有客户问我周六早上 8 点到 11 点是否有空，我会毫不犹豫（但并不热情）地回答："有空！"

虽然当时忙碌的工作状态为我带来了不错的收入，但我的工作热情却一落千丈，因为有求必应，我的生活完全被打乱了。我的效率也随之降低，因为没有足够的时间针对每一名客户做出详细的时间规划。

我不知道哪些是重要的事，也没有设立目标。我只是专注于赚钱。这听起来也许不可思议，但只关注赚钱的确会极大地降低工作效率。

目　标

基于生活中的要事，对那些最有价值的工作做出时间规划，并保证将一半的工作时间用于完成这些工作。

方　法

注意：不必一次性完成这项工作。你应该反复斟酌，确定完成这些最有价值的工作所需的时间。同时我也建议你至少每个季度回顾一下计划安排，并根据实际情况及时做出调整。

1. 回顾你在第二章中列出的工作要事和第三章中列出的工作目标。

2. 回顾你对每项工作做出的价值评估及其带来的效益。

3. 如果你是公司员工，看看是否有权根据需要改变工作计划。如果可以（如果你自己经营一家公司，则不必担心这个问题），确定每天的工作时间。

4. 你的时间表中已经填上了生活要事，腾出至少一半的工作时间完成那些最有价值的工作。

5. 明确完成每项工作要事所需要的时间。

6. 计划你的午餐时间。如果你每天有固定的用餐时间，那很好。但多数情况下，每天的用餐时间并不固定，只能视情况而定。

7. 在你将任务分配给别人（同事、承包商、员工）之前，你要亲自完成最重要的工作。你可以用另一半工作时间完成那些次要的工作。

8. 估计每项次要工作所需时间。

9. 根据实际情况调整时间安排。

10. 如果你需要完成的工作确实很多，不必着急。按照本书介绍的策略方法，你会节省很多时间。此外，在第三部分"组建你的团队"中，我们会讨论如何让别人协助你完成所有的工作。

你的大脑已经开始展现它的时间规划能力了。规划的次数越多，你就越能全神贯注地完成那些最有价值的工作，也会对规划的重要性有更加深入的了解。你的大脑会思考如何做出更加明智的决定，让你高效地利用时间。掌握时间管理能力会帮你节省大量时间。

现在，你已经对生活和工作中的要事做出了时间规划，看看还有时间用在登录社交网站、看电视，以及其他未规划的活动上吗？正是这些事浪费了人们大量时间。

策 略

改进工作方法可以有效提高效率，这也是你工作和生活的处事标准与行动指南。确定这些方法的前提是了解哪些工作能帮你完成要事，实现目标。在前面的章节中，你已经确定了生活中的要事，并对它们做出了时间规划。现在是时候规划工作中的要事了，同样也要根据需要及时做出调整。

全面了解工作和生活中的要事有助于制定有效的时间规划，列出更有针对性的 3+3 清单，有效减少你浪费的时间。

围绕工作要事和目标进行规划

你需要确定工作时间。我知道你无法特别清晰地划出工作和生活之间的界限。但如果不对二者加以区分，甚至在一段时间内迷失了方向，你就无法平衡工作和生活之间的关系。

我的员工和客户通常有较固定的工作时间。如果你可以灵活安排工作时间，那么本章介绍的方法可以帮你做出规划。如果无法选择工作时间，你一样可以高效地完成工作，但要对工作中的要事和目标做出规划。当然，你也需要规划完成工作的具体时间。

如果你自己经营一家公司，那么就可以随意安排工作时间。我的某些客户就是这样，他们以配偶和孩子为中心安排日程，希望下班就回家，回家就远离工作。他们有时一天回家好几次，以便照看孩子。如果你为这样一家公司效力并且可以远程办公，那么也能这样安排。

你想用大块时间集中工作？比如，想在周六到周三，每天早上 8 点到下午 6 点在办公室工作。你真的会在办公室里十个小时内全神贯注地工作吗？不可能。正如我之前所说，你不可能完全划出工作和生活的界限。在这十个小时里，你会休息几次、吃午饭、网购，或者接打一两个私人电话。但是，规划好工作时间后，你就知道上班期间应该专注于工作，就会努力提高工作效率。

你每天工作的时间不必那么长，因为你无法长时间集中注意力，或身体状况不容许，或需要处理孩子的事。基于生活要事，你能否将工作时间分成几个阶段？比如，你可能会在周一至周五的早上 6 点到 6 点 45、早上 9 点到下午 3 点、晚上 8 点到 10 点工作。

顺便说一下，可以根据你自身和家庭的实际情况确定工作时间。这也是不用软件自动规划的原因。你应该至少每个季度回顾一下计划安排，并根据实际情况及时做出调整。

对最有价值的工作做出时间规划

一旦确定了工作时间，就要回顾上一章列出的最有价值工作清单。无论你的职责是什么，都应该把多数时间用在获得收益、引荐客户，或赢得好评的工作上。你可以视后续情况增加时间，但一旦开始，你就应该确保要把多数时间用在这些工作上。

如果你是雇员，多数时间都在处理不太重要的工作，那么书里介绍的策略方法对你来说就更为至关重要。因为它可以帮你更高效地利用时间，把更多精力用在最有价值的工作上。

> 不要浪费时间。只做有用的事，杜绝一切无关紧要的事。
>
> ——本杰明·富兰克林

如果你自己经营一家公司，但多数时间却为琐事疲于奔命，就如同付给某人 100 美元，却让他做只值 20 美元的工作一样。我知道或许你在自己的领域里如鱼得水，但你是唯一了解待办事项及工作方法的人。如果你把多数时间用在琐事上，就总是会觉得时间不够用。但不必因此烦恼，在第三部分"组建你的团队"中，我们会帮你处理那些次要的工作。此外，如果你已经开始实践各章节介绍的策略方法，会发现自己节省了很多时间，也不会再迫切地想雇新员工了；同时，你的压力也会减轻了不少。

基于在第二十一章"了解时间去向，做好时间规划"中完成的日志，你已经了解了每项工作所需的时间。你可以用本章介绍的方法估算时间。建议你为每项工作至少多留出 30% 的时间，这样才能保证自己从容不迫。比如，你认为完成一项工作需要 45 分钟，就要为它留出 1 个小时。如果提前完成了工作，太棒了！这样你就有了额外的休息时间，也可以提前开始下面的工作。但是如果工作进展不顺利（如电脑死机、网站崩溃，或者是客户订单出现了问题），你也会有足够的时间来处理问题。通俗地讲，你有时间救火。

根据需要调整时间

在实践这些方法的过程中，你的工作量会不断增加，有时，有必要重新规划时间。本章节的内容旨在让你了解如何为生活中最重要的事规划时间。你并没有写下血书，承诺严格执行原定计划。相反，你正在学习如何合理地分配时间。在此基础上，你可以做出更加明智的决定，高效地利用时间。你不必立即答应别人的请求，要先考虑自己的日程安排，确保有时间窗口。你也可以基于需求对时间安排做出调整，就像特丽那样。你可能并未严格按照事先的时间计划行事，但仍可以顺利完成生活和工作中的要事。

提前规划，随机应变。

具体行动

如果你是一名雇员，可能无法决定上下班时间，无法决定能否接收某笔客户汇款，也无法决定是否重组部门或雇用新人完成工作，但是，你可以努力避免因为拖延症、注意力分散、找东西或者缺乏计划而浪费时间。除非你的老板为你分配了每分钟的具体工作任务，否则你就可以规划自己的工作，即自由决定完成每项工作的时间，这关系到你能否节省更多时间。如果你因制订计划和节省时间而树立起了自信，就可以坦诚地和同事交流，或向上司提出建议，从而提高自己的工作质量。

如果你是老板，就可以亲自进行时间规划。坚持自己的计划，不要被客户左右，你可以只接受那些符合你时间安排的客户。无论你刚刚创业，还是已经打拼了几十年，都会担心赚的钱不够多；一旦学会如何掌控时间，你就会发现这种顾虑消失了，工作效率也随之提高，最终带来了更多的收益。

随着事业的壮大，你会越来越忙。你要参加很多会议，接手很多项目，还要完成很多工作。这是一件令人骄傲的事情，证明你的实力逐渐得到了认可。但同时，这也要求你更加谨慎地做出选择，要在有限的时间内高标准地完成各项工作。

与其迁就客户的时间，不如节约自己的时间，告诉他们自己什么时候有空。会不会有潜在客户因此放弃与我合作？会有这种情况。事实上，有位先生曾在电话里对我的助理大喊大叫，并粗鲁地挂断了电话，就因为助理说我周六没有时间。这没关系，大部分客户都会尊重我的时间安排。此外，如果他的处事态度如此恶劣，我怎么会放弃与家人相处的时间而与这样的人会面？

回顾你的工作要事和目标，并以此为中心。无论与人会面、接受新的工作，还是按照他人安排行事，你都应该首先回顾自己的工作要事和工作目标。要明确最有价值的工作，并围绕它们制订相应计划。

筹划你的下一步行动

▶ 你列出的清单和正在做的事情是一致的吗？

▶ 每天回顾要事和目标，实践本章介绍的策略方法，帮你节省时间了吗？

▶ 你的哪些计划需要做出调整？

▶ 如何才能将精力集中在最有价值的工作上，而不是在次要工作上浪费时间？

第二十五章　移动办公者的时间规划

　　杰克是一名医药代表，他每月要向公司汇报两次到四次工作。其余时间，他不是在家里办公就是去会见客户。每天，他往返于不同医生的办公室，事先预约多名医生，以防有人因为处理紧急情况而无法与他见面。有一段时间，他忙得晕头转向，由于要在有限的时间里与每个人会面，而他又没有检查随身物品的习惯，因此他常常没有带够资料或样品。于是有时预约被取消了，他就会在房间里无所事事地等待。他曾经喜欢这种四处奔波的生活，但最近却为此感到精疲力竭，因为每天他都得等孩子们睡了才能开始工作，等准备好所有材料时都快凌晨 1 点了。

目　标

减少会面，提高效率。

方　法

1. 每天少见几名客户。
2. 为会面留出充足的时间。
3. 每天下班前总结反思一天的工作。
4. 准备一个后备计划。

策　略

无线设备帮我们清除了工作地域间的障碍。便捷的交通要求我们做出更合理的日程规划，确保路上保持高效。

每周多次外出的客户主要面临两个挑战：

如何满足三个地方对资料和文件的需求——家里、办公室里和车上。

如何确保所见客户的数量和时间的精确性，而不必熬夜准备材料。

我们在第十三章"为移动办公者创建移动办公室"中已经介绍上述内容，接下来请你转换思维，了解如何应对这些挑战并提高效率。

> 不要把动作和行为混为一谈。
> ——厄内斯特·海明威

减少每日会客次数

没错，谈到财产和客户，少比多好。你越匆忙，就越容易犯错误，也越容易造成误解。事实上，你也没有那么多时间维护和客户之间的关系。市场营销专家一致认为，就时间而言，发展新客户比维护老客户要多花 3 ～ 8 倍的时间和金钱。如果你不相信这些数据，依旧坚持为大量客户提供普通服务，而不是为少数重要客户提供优质服务，最终就会丢掉大量客户。这样能提高你的收入吗？与客户见面时你无法全神贯注，总是气喘吁吁，大脑也因睡眠不足而处于迟钝状态，这样只会给客户留下不好的印象。你要保证在工作日留出充足的时间，安全到达会面地点，让每次会面富有成效，并在下班前准备好第二天工作所需资料。

为会面留出充足的时间

提前计划与客户的每次会面，多留出 20% 的时间以防交通堵塞。见面前，预留 5 分钟时间调整自己，整理衣着。多留出时间也是应对客户可能的迟到，如果会面进展顺利，你应该与客户多聊聊，而不是提前离开。会面后，趁着记忆清晰，用 15 分钟写下你认为重要的事情。最后，你需要对会面进行总结，并在日程安排上标明下次会面时间，同时设置后续工作的备忘提醒，以防自己忘记或重复预约。若想高效利用工作时间，就要减少每日会客次数，这是明智之举。

每天下班前总结反思

确定每天的工作时间，在下班前留出 30 分钟，回顾一天的工作：

你是否记录下了所有内容？

你是否根据会面时客户提出的要求发送了他们所需要的信息？

你是否设置了提醒，提示你接下来的工作以及跟进客户需求的时间？

你是否看过新的文件并做了分类整理？

是否已经准备好明天要用的资料了？

需要把哪些资料装进你的背包和后备厢？

准备后备计划

我们希望一切都进展顺利。但事实并非总是如愿，这也是我们需要提前计划，随机应变的原因。客户可能在会面前一分钟取消预约，导致你在这段时间里无所事事。如果出现这种情况，你可以利用这段时间提前完成第二天或下周的工作，这样就会更加从容不迫。若一切进展顺利，你度过了完美的一天，按时与客户会面，交谈融洽，提前完成了工作，那么，在见下一个客户之前，你就有了自己的空闲时间。简单庆祝之后（为自己喝彩！），你应该赶往下一个会面地点，利用等待客户的时间做些别的工作。确定你的 3+3 清单可以帮你制订后备计划。

在逐渐习惯这些策略之后，你会提高效率，减轻压力。放慢速度的方法看起来可能与实现目标背道而驰，却可以让你的头脑保持清醒，专注于需要完成的工作。当全神贯注时，你可以做出更加明智的选择，高质量地完成工作。每位客户都会对你赞赏有加！

具体行动

一开始，杰克并不愿意减少每日会客次数，他认为这会影响他的业绩。

在实践这个方法一周之后，他惊喜地发现每天晚上可以提前睡觉了，因为已经提前准备好了第二天所需的资料。他会准时到达会面地点，不慌不忙。由于做了充分的准备，他可以全神贯注地与客户交流。他会事先回顾会议笔记，准备好会面时要分发给医生的宣传册、产品说明和样品，工作时愈加专注淡定了。虽然会见的客户数量减少了，但他的销售业绩却没有受到影响，而且成功地缩短了工作时间。有目的地进行了时间规划，他可以更高效地利用时间，变得更成功、更快乐。

筹划你的下一步行动

▶ 作为移动办公人员，你如何进行日程安排？

▶ 你是否实践了本章介绍的方法，还会继续使用吗？

▶ 你准备实践本章介绍的哪些方法以提高效率？

▶ 如果你要长期出差，会根据实际需要改进本章介绍的哪些方法，确保一切顺利，且回家后还有时间梳理工作？

>> 第三部分

组建你的团队
无论生活还是工作，
你都不能孤军奋战

第二十六章 一切尽在掌控：不要孤军奋战

你看过 007 系列电影吗？你读过伊恩·弗莱明的作品吗？电影主角詹姆斯·邦德是一名特工，他可以熟练使用各种武器，会开飞机，能驾驶各类车辆，还会操作各种机器。他比子弹和炸弹还迅猛。男人们都想和他一样，女人们都甘心为他做任何事。

学者托马斯·席培用"全能"来描述邦德。他无所不能，这也是我们都被这个虚构的角色所吸引的原因。我们希望自己成为他那样的人。

但我们不是虚构的人物，我们生活在现实之中，无法做到全能。若想取得事业和生活上的成功，组建一个团队对我们至关重要。顺便提一句，"全能先生"詹姆斯·邦德的成功也源于团队的支持。虽然作为电影中的主角，他每次都能脱离险境，但这一切都离不开为他提供资源的老板 M，以及为他提供先进装备的装备大师 Q。军情六处的成员随时待命，为他提供支援。

如果你是一名公司员工，你的团队——如果没有特殊安排——可以是隔壁的同事、本部门的同事，或者其他楼层的同事。

如果你是一名企业家，你会雇用员工，与其他企业家共享技术，或者将所需服务外包出去。

无论身为员工还是老板，你都需要第二支团队——你的私人团队。它可以给你全方位的支持，无论是在工作上还是在生活上。

无论你独立与否，都应该与团队建立联系。成功人士身边的人不会对他们言听计从，而是努力助他们登上顶峰。

如果你已经了解"CIA 三部曲"中的 C ——保持头脑清醒，那么你的大脑可以做出更加明智的决定，助你高效利用时间。

如果你已经了解"CIA 三部曲"中的 I ——提前规划，随机应变，那么你可以运用这些策略方法掌控工作日的五个要素，了解如何合理地规划时间。

现在，是时候招募那些能够给予你支持，助你取得成功并完成任务的勇士了。

在这部分，我们会了解"CIA 三部曲"中的 A ——组建你的团队。你将学会

    组建你的私人团队
    组建你的工作团队
    与你的团队交流互动

让我们一起来招兵买马吧！

第二十七章　组建你的私人团队

　　南加州的一天，艳阳高照。人们坐在露天看台观看橄榄球比赛。布莱恩怀里抱着他生不久的儿子，早上出门前，妻子给儿子穿了一件连体高领毛衣。

　　随着比赛的进行，小婴儿开始大哭不止。他刚刚吃饱，也才睡醒，为什么会哭呢？"我怎样才能让他安静下来呢？"布莱恩——这个不称职的爸爸，咬着牙说。

　　一位坐在看台顶层阴影处的女士叫他："先生，为什么不把孩子抱到这边的阴凉处呢？"

　　"不了，谢谢。我们坐在这里挺好的。"

　　"先生，没关系。我想坐在这边更舒服，因为这里凉快些。"

　　"不了，真的不用。我不知道哪里出了问题，但我可以哄好他。"

　　小婴儿一直在哭。孩子的父亲一直试图安抚他，使他安静下来，以免打扰周围的观众。

　　终于，那位女士忍不住了，说道："先生，如果你的孩子会说话，他肯定想告诉你：'把这该死的衣服给我脱了！穿着它实在太热了！'"

　　人群中爆发出一阵笑声。父亲抱着孩子到了阴凉处，孩子也停止了哭闹。

目　标

　　组建一个私人团队，除你以外，至少还有两名成员，他们是你生活中的倾听者和建议者，你应该时常与他们进行沟通和交流。

方 法

1. 招募家庭成员加入你的私人团队。

2. 与他们分享生活要事和目标。

3. 至少为私人团队招募一名非家庭成员。

4. 如果你没有家人，至少为私人团队招募两名非家庭成员。

5. 每季度与家庭成员交换意见，谈谈取得的进展。

6. 与私人团队成员互帮互助。

策 略

有时我们会深陷某种境况，只能看到表面现象，却看不到现象背后的深层次原因。当局者迷，本章开篇时那位父亲和儿子的故事就是很好的案例。

你想跳出自己固有的思维模式换位思考，还是想继续蒙蔽自己的双眼依旧走着老路呢？我们通常会选择后者，这是人的本性使然。所以我们要努力跳出自己固有的思维模式，或者让别人帮助你学会从不同角度看待问题。

上面提到了你团队的成员构成。他们应该属于你的私人小圈子，了解你的要事和目标，支持你，也质疑你，但无论何时，他们都是你最坚强的后盾，认识到这一点十分重要。你的团队会帮你集中精力，全力取得时间管理革命的胜利。

招募家庭成员加入你的私人团队

与你一同生活的人一定是你最坚定的支持者。如果他们不愿意做这件事，就把他们赶出去。

如果你无法将他们赶出去，就拉他们入伙。你也必须全力支持他们。关系是相互的，你对他们的期望也是他们对你的期望。

如果你的孩子还是婴儿或者刚刚蹒跚学步，就不必将他（她）拉入你的队伍了。但是你家里其他能够正常交流的成员都应该参加你的团队会议。

与他们分享生活要事和目标

餐后是召开家庭会议的最佳时机，最好是在丰盛晚餐后的甜点时间。因为人们在那个时间段是最开心的。什么时候最不适合召开家庭会议呢？是早上刚起床或者晚饭前，因为那时大家都很疲惫、暴躁，血压和血糖都处于较低水平。你生气的时候也不合适，如果你倍感沮丧并态度恶劣，那么会议不会取得任何进展。

虽然你是这个会议的中心，但其他成员也应该被得到足够的重视。也就是说，在会上，每个人都有机会陈述他们的要事和目标、选择这些目标的原因。每个人都想获得他人的支持，同时他们也应该说出能够给予他人何种支持。

每位与会成员都必须接受富有建设性的批评意见。你不想听到孩子说："你没有兑现承诺，没有经常跟我一起做游戏。你实在太让我失望了。"你更想听到这样表达："我知道你这个月希望至少每周陪我做一次游戏，但你只做了一次。现在我们商量一下如何履行你的承诺，怎么样？"

你对他们也是如此，如果不能给予他们同样的支持，你的团队就不会强大。同时，他们给予你的支持也会慢慢减少，最终你的团队就会解散。

在你完成生活中的任务时，可以向团队成员寻求帮助。每个家庭成员，只要年龄合适，都应该参与其中，共同完成家庭任务。在召开家庭会议的时候，要充分运用你的智慧。你可以问你的另一半："你可以帮我点儿忙吗？你是想帮我做这件事还是那件事？"让另一半自己选择，他们就会觉得掌握了主动权，便不会感到压力了。把任务分配给其他人，你可以摆脱不太重要的任务。除了你的另一半，你也可以让孩子帮你做一些事。

> 突破就是我们做以前没做过的事。
>
> ——新乡重夫

至少为私人团队招募一名非家庭成员

听取外人的意见十分重要。这并不代表你不信任自己的家庭成员，只是说你应该听取第三方的意见，客观地看待问题——本章开篇故事中提到的那位女士就是个很好的例子。你应该像支持家庭成员那样支持他们。

每季度与家庭成员交换意见，谈谈取得的进展

理想的情况是每周举行一次家庭聚餐，席间让每个人说出自己的重点工

作和目标，并向他人寻求帮助。但并不是每个人都适应这种频率。可能有人更喜欢每月举行一次家庭聚餐，尤其是有未成年孩子的家庭，他们会觉得这种会议有用却无聊。家庭成员应该每季度至少聚餐一次，谈谈自己取得的成绩以及对未来的规划。

当谈到与你的团队"会面"或"分享"的时候，我是指面对面交流。（如果你的非家庭成员在另一个城市，可以借助视频聊天软件。）不是指发信息、发邮件或在脸书上留言等。你需要真正的交流，看着他们的眼睛，听着他们的声音，观察他们的肢体动作。

筹划你的下一步行动

▶ 你的私人团队有哪些成员？

▶ 你想得到怎样的支持？

▶ 你可以给予团队成员什么样的支持？

▶ 你们多久见一次面？

▶ 本章中介绍的策略方法如何使你受益？

▶▶▷ 第二十八章　组建你的工作团队

蒂姆是一名金融策划师，他将大块时间用于帮助他人——客户、同事、老板、社区……他会帮助所有人解决问题，却从来不向他人寻求帮助。

他渐渐意识到帮助别人的时间越多，自己的工作就越难以完成。他越是把别人的急事当成自己的要事，他自己完成的工作就越少，进而能为他人提供的帮助也就越少。他无法高标准完成工作，因为总是着急赶进度，想尽快开始下一项工作。

他试图保持好人形象，其实可以采用更有效率的方式来帮助别人，最终，他意识到自己也需要得到别人的帮助和支持。

目　标

组建一个团队，除你以外，至少还有两位成员，他们是你工作中的倾听者和建议者，你应该时常与他们进行沟通和交流。

方　法

1. 招募同行加入你的团队。

2. 至少为团队招募一名外行成员。

3. 如果你是员工，至少为团队招募两名本部门同事。

4. 与他们分享工作要事和目标。

5. 如果你是公司老板，团队成员应包括公司部门经理、员工乃至你的客户。

6. 每季度与团队成员交换意见，谈谈取得的进展。

7. 与团队成员互帮互助。

策　略

有时我们会深陷某种境况，只能看到零星碎片，无法将它们联系起来。

你想跳出固有的思维模式换位思考？还是更愿意待在自己的舒适区，拒绝改变 ——即使舒适区也充满了压力？拒绝改变是人的本性，也是我们要努力跳出固有的思维模式换位思考的原因。

你的团队应该由这些人组成——理解你事业的人、了解你工作要事和目标的人、帮你看清前进道路的人，最重要的是那些能够鞭策你、让你保持头脑清醒的人。你的工作团队可以让你全神贯注地工作，不会误入歧途。

> 只有真正的朋友才会对你直言不讳。
>
> ——西西里谚语

招募同行加入你的团队

虽然从严格意义来说，你们可能会有竞争，但是他熟悉这个领域，可以提出独到的见解，还会随时关注该领域的发展趋势和最新研究，这对于你来说大有裨益。你们可以合作，共同完成任务。

至少为团队招募一名外行成员

你的团队也需要来自其他领域的人。外行成员可以提出新颖而客观的观点。你可以将这些想法收集起来，并运用于自己的领域。整合各个领域的信息可以让你的行动更有说服力。

如果你是员工，至少为团队招募两名本部门同事

如果你是企业家或独立咨询顾问，可能更容易做到上面所讲的。如果你只是一名普通员工，就没有机会接触这些人士。无论如何，为团队招募两名本部门同事是非常重要的。即使你不在领导岗位，也可以邀请支持者加入你的团队。如果可能，你可以向上司寻求帮助，当然，不是每个上司都愿意开明地听取员工的建议。

分享工作要事和目标

和生活团队一样，你和工作团队的成员们也要相互支持，这样才能更好地完成工作要事和目标。你们一起庆祝成功，在遇到挑战时，你可以向他们寻求帮助。你们经常交换意见，共同解决问题。如果你觉得同事满足不了你的需求，或者你想获得更多的帮助，可以考虑请一位专业人士，争取在六个月的时间里，让他教会你如何应对挑战，最终取得成功。

如果你是公司老板，团队成员应包括公司部门经理、员工乃至你的客户

你与员工或客户的关系不同于你与同事或指导者的关系，但与他们分享公司愿景和期望目标是很重要的。如何带领团队实现这些目标？此外，在你出差或休假时，他们会继续推动工作，因此要让他们了解公司的商业计划，这样他们才能在你不在的时候做出明智的决定。

每季度与团队成员交换意见，谈谈取得的进展

我建议企业家或独立咨询顾问每月与智囊团会面。即使部分员工或客户相距较远，我也建议他们每月至少与这些"参谋人员"见两次面，以确保一切正常，齐心协力。如果你是一名员工，可能每周都要参会。是的，你没听错！每周开一次会。（我们在下一章会继续讨论这个话题。）你的团队应该保证每季度至少会面一次。

与团队成员互帮互助

相信我们都曾经接触过一味索取、不懂得付出的人。他们将所有问题都抛给你，却不能在你需要的时候伸出援手。我们不想成为那样的人，对吧？所以一定要和团队成员互帮互助。

具体行动

蒂姆组建了自己的生活团队和多个工作团队。作为指导者，我既是他生活团队的成员，也是他工作团队的成员，我的责任是帮他成功组建这些团队。

他的工作团队里有两名同一楼层的同事。他们三人的工作性质相同，可以互帮互助。建立了定期沟通机制后，他们就不必再向其他人求助了。他的第二个团队由经常向他求助的新人组成，他们建立了一种机制，既能让"这些帮助"发挥作用，也能让蒂姆不再被打扰或负担过重。这也可以帮他建立与那些新人的稳固关系，以便日后让他们为自己分担某些工作。他为这些新人提供帮助，让他们分担自己的工作，同时还可以获得一些收入。

蒂姆还组建了第三个团队——他的能量团队。团队成员是两位外行朋友，一位男士和一位女士。他们会介绍各自领域的经验，提出很多解决方法以应对不同的挑战。他们是事业上的合作伙伴，可以互相介绍生意。这是该团队的最大优势！

筹划你的下一步行动

▶ 你更喜欢哪种交流方式？与团队成员面对面？还是利用视频聊天工具？（视频工具可以克服地理位置上的局限性）

▶ 此时你需要哪些支持？

▶ 你会选择哪位同行加入你的团队？

▶ 你会选择哪位外行加入你的团队？

▶ 你会选择哪位同事加入你的团队？

▶ 你打算何时何地与团队成员会面？

▶ 本章中介绍的策略方法如何使你获益？

第二十九章　富有成效的团队会议

当我是一名老师的时候，曾自告奋勇去参加过一个会议。会议两周召开一次，目的是完善地区促进计划。看到会议名称的缩写，我就断定这是一个很有趣的会议。

与会老师来自各类学校，他们要共同起草一份"动态而生动"的文件。我知道去年就已经设定这个议题了，于是询问有没有相关文件。

会务组回答没有。

接着，我问起草的这份文件什么时候开始施行，如何为我们倡导的项目筹款。

会务组回答不清楚。

每个会议都应该准备会议介绍，写明下次会议时间，简述前两次会议讨论的内容，以防某些与会者不了解以前会议的内容，还应注明需要完成的工作内容、历史遗留问题和下一步计划。

天哪，参加这些会议真的太浪费时间了！即使20年过去了，我仍会为当时浪费的时间而感到惋惜！

据调查显示，多数员工认为开会是件愚蠢且浪费时间的事。如果你没有按照以下方式召开会议，那么情况的确如此。

目　标

确保参加的每次会议都有明确的主题、会议安排和后续计划。如果没有，把我的这本书送给会议组织者（如有必要，请悄悄地送出），并将本章进行标记。如果你负责组织会议，请遵循以下方法。

方 法

1. 至少确定一个会议目标。

2. 设定有助于完成目标的问题或讨论。

3. 为会议做出具体时间安排。

4. 至少提前两个工作日发送会议安排。（如有必要，可以更加提前。）

5. 提前明确会议要求。

6. 收集与会人员的反馈。

7. 提供每种语言的翻译保障。

策 略

> 杰出的商业领袖会提出一种愿景，详细地描绘它，激情澎湃地宣扬它，不遗余力地实现它。
>
> ——杰克·韦尔奇

尊重你的生活团队和工作团队成员的时间。让每次会面都富有成效，而不是例行公事。

如果我们都参加冗长而无趣的会议，那有何意义。我乐意在本次会议中确定下次会议的时间。

在为某些公司提供咨询服务时，我建议每周召开一次部门例会。

你说什么？

没错，每周召开一次部门例会。我知道你肯定想问，你不是一直说开会是件浪费时间的事吗，怎么让你的客户每周召开一次例会？请听我解释：

通常，在同事过来求助的时候，我们不得不搁下手里的工作。

如果定时召开周例会，明确本周的任务，计划下周的任务，为大家解答问题，就可以避免浪费工作时间。每周用 30 分钟开个例会，可以为下一周节省出几个小时。因为在日后的工作中，你不会受到过多打扰，有更多时间关注曾被忽略的重复性工作。当然，前提是按照我的方法组织例会。

顺便提一句，你知道周五下午是美国人效率最低的时间吗？这就是理想的团队会议时间，因为没有一个人有心情工作！如果你从事零售业，情况则恰恰相反，周五应该是你最忙碌的一天，在这时召开会议就不合适了。把例会安排在工作较少的一天，比如，周二上午——要根据实际情况确定开会时间。

我最反感无意义的会议，因此以下策略会确保你永远不陷入这样的会议：

至少确定一个会议目标

本次会议的目标是什么？会议旨在探讨某个特定的项目，还是与你的团队成员进行其他讨论？如果没有明确的会议目标，就不要急于召开这次会议。

设定有助于完成目标的问题或讨论

你不能幻想走进会议室，在幻灯片或白板上展示一个目标，在场的人就能马上给出解决方案。召开会议的目的是集思广益，让大家的想法互相碰撞。提前想出几个需要讨论的问题。最好将这些问题写在日程安排上，以便大家可以提前思考。

为会议做出具体时间安排

根据会议性质，在会议议程表中列出不同的议题及发言人员名单。无论如何规划会议，都要明确每个议题的讨论时间和报告时长。这样可以让大家做好准备，也可以确保在规定的时间内完成所有议题。换言之，不给那些夸夸其谈的人留出时间。

筹备每周部门例会时，你可以参考以下十人会议时间安排：

高业绩部门——每周例会

会议时间：4月29日星期五，下午2：00—2：30（1：45开始提供零食）

会议地点：二层会议室

会议议程：

2：00—2：05

第一项内容：介绍本周各自完成的工作。（每人 30 秒）

2：06—2：11

第二项内容：介绍各自下周需要完成的工作（最好做出下两周的计划），以及各项工作的截止时间。（每人 30 秒）

2：12—2：25

第三项内容：介绍各自所需的资源（物资、会议路线、会议室、他人需提供的信息），以及各自的疑问。解答问题。（每人 75 秒）

2：26—2：28

第四项内容：明确下周的时间安排，提醒大家选择合适的交流时间。（每人 15 秒）

2：29—2：30

第五项内容：互相加油打气。对下周充满信心！散会！

这种会议模式要求与会者清楚每项工作的截止日期和自己的 3+3 清单。也就是说，所有与会者都应该有所规划。计划性强的同事不会总是向你求助，打断你的工作，也不会总是在最后一分钟让你帮忙处理"紧急情况"。这样，你和团队成员就可以更高效地工作。

这种会议模式会让部门领导意识自己忽视了某些重复性的工作，或没有基于员工特点和实际需要分配工作，结果造成了时间浪费，从而根据每个人的特点重新分配任务，以提高员工的工作效率。

最开始，会议可能会持续 60 分钟，尤其是在部门问题较多的情况下。之后，你可以逐渐把时间缩减到 45 分钟，或 30 分钟。除非你能充分利用每一分钟或你的团队成员超过 10 人，否则不提倡开月例会。人们无法做出长期的具体工作计划，因为有太多不确定性因素。坚持每周开一次例会即可，会议应该短小、精练、重点明确，不浪费时间。不要觉得这种会议缺少人情味，如果大家愿意的话，可以在会议前后交流感情。

至少提前两个工作日发送会议安排

如果你组织的不是周例会，而是需要精心准备的会议，那么就应该提前一周或至少提前两个工作日发送会议安排。提前给每位与会者发送邮件，让他们知道你在精心准备会议。他们可以基于会议安排确定发言内容，并着手搜集相关的研究报告和案例。

即使周例会的安排一成不变，你也应该发送会议安排，以确保每个人都能按时参加。在会议安排中列出需要解答的问题，便于其他同事提前思考，在会上提出更好的想法和解决方案。

提前明确会议要求

应在会议安排中明确会议要求。每个人都应该了解会议的目的。如果需要与会者携带某些材料，应在会议安排中注明。如果安排了某些特殊活动，如在会议结束时进行捐款等，则要在会议安排中注明，从而保证活动万无一失。

收集与会人员的反馈

明确与会人数十分重要。事先通报缺席人员名单，同时，明确每个人的会议职责和任务。

提供每种语言的翻译保障

一些国际会议使用的语言可能不仅是英语。提前明确每名与会者的语言需求，确保场内有相应的翻译，一方面可以保证会议效果，另一方面也便于会议记录，避免误解和传达错误。

遵循上述方法，你可以让会议变得更高效，也可以让与会人员提前准备，直入主题。相信大家都会对你赞赏有加。

具体行动

还记得本章开始时提到的那个会议吗？参加了四次以后，我就再也不想去了。校长把我叫到办公室，问我怎么不去参加了，我机智地问道："参加什么？"他脸上的表情告诉我，他并不欣赏我这种玩世不恭的态度，于是我接着说："这个会议既没有明确的目标，也没有取得实质性的进展。我宁愿用这些时间为学生准备几堂精彩的课。"他眯起了眼睛。我等待着他的责骂，他会如何批评我？但他什么都没有说。从那以后，我再也不用参加那个会议了。

直到今天，我在接到会议邀请的时候，都会要一份会议安排。如果没有，我就会以有约在先为借口，不去参加了。遗憾的是，我们无法完全逃避这些无意义的会议，如果出于某种原因，我必须要参加没有会议安排的会议，就会带一张白纸，在听取无聊发言时写下对后续工作的一些想法。这样，我就没有浪费时间，而是在设法推进另一项工作。

筹划你的下一步行动

▶ 是否有些会议纯属浪费时间，你不应该继续参加？

▶ 如果你必须参加毫无意义的会议，如何让自己和他人从中受益？

▶ 你每周因同事、员工或承包商求助而浪费的时间有多少？

▶ 你如何为工作团队制定会议安排？

▶ 你如何为生活团队制定会议安排？（虽然不必像工作会议那样正式，但也应该让家人有所准备。）

▶▶▶ 第三十章　人尽其用

我和客户朱莉在办公室里探讨那些分散她工作精力的事，这些事耽误了不少她全身心地为客户提供有偿咨询的时间。她擅长为客户提供帮助，她的客户很开心，她也会因此获得收入，既充实了银行账户，又可以养家糊口。

但是，她所有的工作时间并不都是花在为客户提供咨询服务上，因为很多本可以分配给别人完成的工作她却亲力亲为。

突然，我们的对话被敲门声打断了。一帮园艺工正在找工作。她询问了他们修剪树木的价格。当他们说需要 2 300 美元时，她毫不犹豫就拿出支票簿开了支票给他们。

她之前并不了解这些人，也不知道他们的手艺怎么样，甚至也不清楚这些人是否清楚他们自己在做什么，但是她当场就雇用了他们。

她回到座位上，我们继续聊天。

"又完成了一项工作感觉如何？"我问她。

她回答道："棒极了！"

"为什么你决定雇用他们？"

"你能想出我站在梯子上手握链锯的情形吗？我可能会把自己的胳膊锯掉！除了危险外，我也没有时间来做这件事。"

"我知道你珍惜你的生命和四肢。"

"哈哈！一语双关？"

"我知道你珍惜你的时间，所以雇用别人来替你完成那些重体力活。"

"是的。谁想做哪些脏活呢？"

"你也这样珍视你的智慧吗？"

她没有回答。

目 标

赶走你内心的控制狂，关注你内心的小气鬼。拿出你之前列出的待办事项清单，将那些重要性较弱的工作或者私人事务交由他人完成。

方 法

1. 拿出你之前列出的待办事项清单。

2. 确定哪些事必须完成，但可由他人代办。

3. 将这些任务交由最擅长的人去完成。

4. 基于劳动分工，明确各项工作的性质和职责。

5. 基于上述分工，雇用相应的承包商或者员工，对你现有的员工做出工作安排，或者在召开私人会议和工作会议的时候向大家寻求帮助或分派任务。

策 略

你会理所当然地接受你自身拥有的一切。你应该珍视你的智慧和天赋。你知道你可以胜任所需完成的一切工作，虽然都是你要完成的工作，但凡事亲力亲为真的是高效地利用时间吗？将那些不太重要的工作和一切例行性的工作交由他人完成可以将你的聪明才智用于更加重要的事上，比如拓展你的生意或者获取更多的收益。

如果你是一名员工，基于公司会议或者部门会议的安排，为了调整公司或者部门内部任务，你可能会被指派新的任务，或者为了更加高效地完成工作需要你与其他同事进行合作。如果你的公司并没有召开这些会议，你仍然可以和你的工作团队一起合作。

无论你是为别人打工，还是自己经营一家公司，你都可以通过重新进行任务分配来为自己节省一些时间。

为了将任务分配给他人，朱莉可谓是绞尽脑汁。经过几次教训后，她很难相信他人。她的工作标准极高，很少有满意的时候，对自己极为苛刻，因此她不放心将工作交由别人负责。她认为没有人可以像她一样完成这些工作。她也不想花时间教别人，因为由她自己来完成这项工作更加简单。如要买衣服、吃饭或者请园艺工，她花钱绝不犹豫；但如果要花钱雇人替她工作，她就十分吝啬了。她不想花钱雇人来完成那些完全可以由自己完成的工作。

此外，朱莉在看医生上花费了钱和时间：

失眠：因为压力过大晚上无法入睡。

焦虑：偶尔会感到十分焦虑。

抑郁：当她不知所措或者无法完成工作的时候，会对自己极为不满。

婚姻问题：由于她的工作压力，婚姻开始出现裂痕。

如果朱莉想要继续维持婚姻并且保持正常的状态，她需要让别人替她分担一些工作。

拿出你之前列出的待办事项清单

经过头脑风暴过后，你应该找出那些需要集中精力处理的最有价值的工作。在使用本章提及的这些策略方法前，确定你对这些工作已经心中有数。

确定哪些事必须完成，但可由他人代办

经过头脑风暴的洗礼，以及对本书之前内容的学习，你应该已经意识到不需要将每件事都完成也可以在事业上取得更大的成功。有些事可以直接画掉。

那些必须要完成但又不是很重要的工作应该如何处理呢？这些工作是必不可少的，但如果由你亲自完成，会消耗你为客户服务的时间。在第二十三章"甄别有价值的工作"中，你已经将它们单独标出。拿出你的清单，看看是否需要做出修改。

将这些任务交由最擅长的人去完成

很多时候，我的客户们想找一个人兼职或者全职替他们完成所有的工作。

现在又回到了我们在第二十六章"一切尽在掌握：不要孤军奋战"中所讨论的问题，希望找到一个全能的人。这次，不是你自己成为一个全能的人。全能的人很难找到，百万里挑一，因此找到这样一个能按照你的要求处理所有工作的人是不可能的。这也是为什么要将这些工作按照所需的知识、技能进行分类，以便于你找到最佳人选来完成这些工作。

基于劳动分工，明确各项工作的性质和职责

为了能够雇用到最合适的人，你需要对岗位职责进行准确描述，明确工作性质和招聘截止时间等。这些并不是在短短 15 分钟内就能想清楚的，你需要进行深入思考。俗话说，"招聘要谨慎，解雇要果断"。对你想要雇用的人进行必要的面试和背景调查，可以让你招聘到理想的员工。阅读后面的内容时也要将这种做法一直保持下去。

基于上述内容，雇用相应的承包商或者员工

你需要咨询你的税务顾问和法律顾问，做出对你来说最好的选择。简而言之，员工必须按程序和你的要求完成工作。而承包商则只需要根据自己的实际情况在规定时间内完成你交付的任务即可。我的很多客户打出了组合拳——雇用一些兼职员工、一些有过合作基础的承包商，以及一些根据项目需要找来的新承包商。

如果你是一名私营企业主，你希望有这样的员工可以分担你的工作，这样你就可以在休假时安心出城游玩。你可以考虑订购一个暂时电话接听服务或者让同事代劳。

如果你不是老板，你在公司里没有雇佣权，本章的内容将有助于你的部门根据每个人的特长进行分工。如果这样的劳动分工仍然无法满足你的需要，你可以和你本部门的同事商量，向你的上司提出建议，说明什么样的岗位招聘什么样的员工可以简化工作、降低压力、增加收入。如果你提出的关于更加高效地进行劳动分工以及员工招聘的建议没有被采纳，你可以尝试为自己的工作团队吸纳一名新人，在团队内部进行任务分工，团结协作以完成任务。

在处理家庭事务上也可以采用同样的思路。你可以让家庭成员协助你完成一些工作或者指派给他们一些任务，或者雇用他人来完成相应的工作。例如，我的一位客户是一名老师，她付给孩子们一定的报酬，让他们打理好各自的房间，这为她节省了时间，因为这样她就不用追在后面替他们收拾。她也决定雇用一位小时工在隔周的周六到家里做卫生。为了支付这笔费用，她必须精打细算一些。但是，在孩子们和小时工做卫生的两小时里，她可以批改完学生的考卷，以便在这一天剩下的时间里全身心地陪伴在孩子们身边。这笔投入是明智之举。

具体行动

我和朱莉在我们的两次会面中讨论了本章的基本内容，剩下的部分由她当家庭作业来完成。她认为需要雇用以下人员：

保姆：工作性质与员工相同，早上 8 点到下午 5 点，负责孩子的日常接送和照看。这样她就可以集中精力完成工作，并在晚上全身心地陪伴孩子和老公，而不是一边陪他们一边还要挤出时间完成工作。

家庭修理工：工作性质与承包商相同，负责维护草坪和游泳池，必要时做一些基本的维修工作。

是的，这是一本教你如何提高工作效率的书。但是朱莉雇用的人员首先要帮助她处理好生活上的琐事，因为她在家里办公，这些琐事每天会不停地打断她的工作，这也是导致她无法完成工作的原因之一。之前，她只能选择在晚上工作，牺牲掉与家人相处的时间。自从雇用了这两个人后，她可以自己选择工作时间，并在规定的时间内全神贯注地工作。在晚上和周末她就可以将百分之百的精力花在家人身上。

当她雇用了两个人帮她打理好生活中的琐事后，她也列出了在工作中需要雇用的人员类型：

会计（通过她的注册会计师招聘）：数字会让她头大，虽然她并没有很多收据和账单需要处理，但处理这些会花费她很长时间。

图表设计师（根据需要招聘）：美化文章和展示文稿中的图表通常会花上她好几个小时的时间。虽然她在艺术方面眼光独到，但是她的精力应该花在内容创作上，而非图表制作上。

> 我不是环境的产物，而是决策的产物。
>
> ——史蒂芬·科维

自确定人员之后，她就确定了团队会议召开的频率。实际上，她与每名团队成员都是单独会面，因为他们所有人共同推进一项工作的概率很小。

我们都认为她应该监测打电话或者发邮件咨询的潜在客户的数量。如果数量增加，或者她的行政工作量加大，那她就应该考虑雇一个助理。雇用助理的另一个好处就是当她不在的时候，比如休假、出城开会或者观看孩子们的比赛时，有人可以替她处理工作。

朱莉选择投入时间和金钱组建得力的工作团队，培训团队成员并将工作分配给他们，因此她的工作压力减少了许多，那她就也可以节省下看医生花费的大量时间和金钱。的确，招聘合适的员工并且训练他们需要花费时间。但是朱莉意识到将时间花在这方面并不是一种浪费，相反，则是她为提高效率做出的投资。

虽然她的开销因为需要雇用员工增加了，但她的利润也增加了，一方面因为她省下了看病的钱，另一方面她有更多时间为更多的客户提供服务，从而使她的收入增加了。这对我来说真是个好消息！

顺便推荐一本书，洛丽·代维拉和路易斯·科斯马克写的《人尽其用》（*How to Choose the Right Person for the Right Job Every Time*，McGraw-Hill Education，2004）。这本书是我的一个同事伊尔琳·伊丽莎白·威尔斯推荐给我的。如果我客户的公司没有全职的人力资源部门，我也推荐他们看这本书。

筹划你的下一步行动

▶ 去除你生活中那些不必要的工作为你节省了多少时间?

▶ 将那些必要但是不太重要的工作交由他人完成,为你节省了多少时间?

▶ 明确了所要招聘的工作岗位和要求,你是选择自己进行招聘,还是指定一家公司替你完成该招聘?

▶ 要知道完成岗位描述需要花费几周的时间,员工招聘需要花费更长时间,员工培训通常需要一个月到两个月的时间,根据你的实际情况,这些方面会花费多长时间?

▶ 如果你是公司员工,你会如何运用本章中提及的方法帮助你的同事重新进行工作分配,使大家可以团结一心,高效完成任务?

▶ 除了上述问题,你会如何运用本章中提及的方法向你的上司提出关于人员招聘的建议?

第四部分

在具体情境中运用时间管理的方法

应对困难，你也可以很从容

第三十一章　我能一心多用，却完不成全部工作

几年前，我的电脑硬盘崩溃了，让我不能登录结算系统，无法打印付款支票，所以就拖延了一段时间。修好电脑之后，我要给 BK&A 广告公司支付现金支票。他们早在一周前就给我开具了发票，因此，我很清楚他们想尽快拿到这笔钱。为了节省时间，我决定边回复邮件边打印支票。

我确实省了点儿时间，因为加载邮件的同时（网络连接有点慢），我把注意力放在了账单支付上。邮件加载完毕后，我又把账单支付放到一旁，开始发邮件。我觉得这样来回地切换可以节省大量时间，毕竟我在网页加载的同时做了点儿有含金量的事。现在回想起来，我当时大概节省了 5 分钟时间。

一周后，我在核对手机上的客户预约时，扫了一眼 BK&A 广告公司发给我的邮件：

> 你好，海伦妮，
>
> 会议结束后我把你的支票给到了我们的财务小组，他们告诉我你没有在支票上签字。
>
> 你希望我把它寄给你补签，还是路过你办公室时给你？告诉我哪种方式方便，我们会把一切都安排好。
>
> 非常感谢你！
>
> 瑞恩

我当时觉得自己就是个蠢货，由于离他们公司只有 10 分钟路程（不想让他们等太久），我自己开车过去，跟瑞恩聊了几分钟，又花 10 分钟开了回来。

总共用去的时间：将近 25 分钟。

之前省下的时间：5 分钟。

总共浪费的时间：20 分钟。

可见，别再认为一心多用可以节省时间了。

我很想通过自己的实例告诉你们，别以为同时进行多项工作可以解决棘手的问题，事实恰恰相反。在少数情况下，一心多用确实有点效果（我会简要举例说明），但多数情况下，一心多用会给我们增添烦恼，看看一心多用的相关研究文献你就会明白。

目 标

一次只专注于一件事：一次只专心做一件事，即使它只需要 15 分钟。

方 法

1. 强化个人意识，预防一心多用。

2. 制订每日计划。

3. 设定个人专注力时长。

4. 发掘最佳大脑状态。

5. 找到高效工作地点。

6. 桌上只放所需材料。

7. 用定时器提高专注力。

8. 在办公室场所张贴目标。

9. 休息片刻。

10. 奖励自己的专注力。

策 略

由格拉斯哥大学、利兹大学和赫特福德大学研究人员组成的一个研究团队发现，当我们同时处理多项任务或来回切换任务时，女性的工作效率会下降 69%，男性则会下降 77%！还有更多证据表明，自 20 世纪 90 年代起就一直提倡的一心多用法根本不适用于时间管理。

一心多用将大脑分成了两部分。如果我们从事一项工作，大脑会全速运转。如果从事两项工作，大脑就要被分成两半，各负责一项工作。如果我们同时处理两项以上的工作，大脑就无法正常运转了。实际上，我们在一心多用时会让自己产生注意力障碍！

> 如何边上推特边看"超级碗"广告呢？是的，你根本做不到。
> —— Greg Toohey, @gregtoohey, February 2, 2014, via Twitter

根据加州大学尔湾分校的研究表明，在分割或切换任务以后，我们通常要浪费至少 25 分钟才能重回原任务。研究者声称，这种工作方式糟透了。

更可怕的是，在我的客户中，很多人自称"多面手专家"。他们自以为可以保质保量完成任务，且常常享受着一心多用带来的肾上腺冲动。只有给他们展示专心工作和分心工作的对比效果时，他们才会意识到自己的工作质量实际上并不尽如人意。关键问题是：我们自以为很聪明，其实不然。

我认为人类完全可以在大脑低速运转时处理多项事务。"低速运转"指的是不需要思考，依靠某种无意识的（自动的、不用思考的）思维就可以完成的状态。例如：

边涂脚指甲边听达拉斯小牛队比赛的现场解说
边看电视广告边碎纸
边打电话闲聊边搅拌锅里的辣椒

如果你经常涂指甲油，那就能边听音乐边涂指甲油。如果你椅子边堆满废纸，碎纸又不需要动脑，那你就能边看电视边听歌，同时碎纸。闲聊就需要费点脑力了，因为你要关注这段八卦里的人物和事件，但搅拌却是一种无意识的机械动作，所以两者可以同时进行。

当你专注于一项任务时，你可以十分轻松地让另一项任务在后台运行。

这在技术上来说并不算一心多用，因为你的大脑没有一次干两件事情。我把它称为无意识任务。例如：

> 在打扫房间的时候，使用洗衣机和烘干机
>
> 擦洗碗机里盘子的时候，在微波炉里加热燕麦粥
>
> 把文件归档的时候，启动电脑（预计五分钟）

你用家电干活的时候，不用动手也不用动脑，这样可以同时进行另一项任务。如果你想整理文件，那么归档就需要集中注意力了。但启动电脑不需要任何思考，你只需摁下开始键，然后在等待的时间就可以做另一项工作。

研究表明，在做一些需要大脑高度运转的工作时，我们无法做到一心多用。我们无法同时高效地完成两项任务或将其来回切换。我们可以基本完成这两项任务，却无法将其做到最好，因为我们既没有利用上整个大脑，也无法只专注于一件事。这不仅会浪费时间，从长远来看也会给我们带来压力。

所以，哪些工作需要大脑高速运转，不可一心多用？你不应该同时做两项需要思考或集中注意力的任务，也不应该来回切换这两项任务——不论需要多么简单的思考。例如：

> 边开车，边编辑短信或发邮件
>
> 边接打商务电话，边查看邮件
>
> 在查收电子邮件的间隙，支付账单或写提案报告

即使你已有 50 年驾龄，开车也不是一种固定的行为模式，它往往需要你瞬间做出决定，尤其当你周围的司机是白痴的时候。编辑短信——是的，别笑，请恕我直言——需要你的大脑读取别人跟你交流的信息，思考如何回应，再通过手指打字回复。你不可能同时做好这两件事，如果不相信，你可以问问那些经历过车祸的人，当时车里的司机很有可能是在用手机。

不论邮件信息多么微不足道，查收邮件都是一项需要大脑高速运转的任

务，因为你需要读取、加工信息，然后进行回复。一个重要的商务电话也需要思考和回复。结账的过程需要大脑高速运转，因为你需要给不同的物品支付不同数额的钱，还要签字并确保款项到账。在前面的实例中，我尝试来回切换这几个需要大脑高度运转的任务，最后却因紧张而出错……最终浪费了不少时间。

想想看：如果你在一个小时里同时处理多个任务或者来回切换任务，根据研究，你的表现会下降大约 69% 甚至 77%，这也就意味着你将会浪费 45 分钟时间。这就是时间飞逝的原因！是我们自作自受！

如果你想浪费时间，或让你的工作质量降低 2/3 以上，最好的办法莫过于放任自己一心多用或来回切换任务。当然你也不想这样，不是吗？看这本书的目的就是寻找节省时间和缓解压力的方法。你可以继续进行无意识的任务，但要停止一心多用或来回切换任务。现在，一切取决于你的决定。

下面是具体的策略方法：

强化个人意识

当你发现自己进入一心多用或任务来回切换模式时，告诉自己停下。如果有必要，你要大声说出："停下！"然后在接下来的 15 分钟内，专心完成其中一件任务。

制订每日计划

明确一天中需要完成的工作，这能帮你集中精力，避免一心多用，详见第九章"在 24 小时内完成任务：把待办清单变成已完成清单"。学会如何制订计划、明确自己必须完成的三项重要任务，以及力所能及的三项次要任务。

设定个人专注力时长

如今，我们很难长时间集中注意力，尤其在做那些无趣工作的时候，我在无聊工作上的专注力只能持续 9 分钟左右。从现在开始，记录你完成每项任务的时长，预估时间可以帮你安排工作流程。

发掘最佳大脑状态

我们的大脑时而高效运转，时而效率低下。当你一心多用的时候，大脑往往在低速运转，我们因为太累而无法集中注意力，所以要尽量避免在一天中大脑低速运转的时候做最重要的工作。

找到高效工作地点

有时候我们会不经意地切换任务，因为我们分心了。如果你有件重要任务要完成，找一个没有视觉干扰或听觉干扰的地点，这些地点没有杂乱的东西、没有音乐或手机提示音等的干扰，是适合高效工作的地方。

桌上只放所需材料

你也许有很多即将到期的项目，但每次只能高效地完成其中一个。把其他材料都收起来，桌面上只摆放一个项目的相关材料。

用定时器提高专注力

你可以随意选个数字，如 8 分钟或 15 分钟。但如果你了解自己的注意力时长，就把定时器调到那个数字上。定时器可以提醒你当下该做什么，同时它还是你的防故障装置，如果你走神了，定时器可以在你思维游离的时候把你拉回来，从而保证你的专注力。

在办公室场所张贴目标

除了用定时器，你还可以考虑在工作场所张贴任务目标，这样当你每次抬头或目光游离时，张贴的目标就可以提醒你应该做正事了。

休息片刻

每个人的大脑都会在某个时刻感到不同程度的疲劳。当你觉得脑力不够用时（没有活力、不够集中），你的大脑就无法做出明智的决定。所以每工作一两个小时就休息一下大脑。出去散散步，做做深呼吸，玩一会儿都可以。但是要用定时器定好返回时间！

奖励自己的专注力

回想集中精力的时候，你的大脑是多么强大。你可以笑一笑，把手举到空中，或跳一小段舞来奖励自己的专注力。这会帮你产生更多身体所需的内啡肽。当大脑将专注力和内啡肽联系在一起时，它会更加专注。让我们努力做到专注吧！

如果你发现自己一心多用或来回切换任务时，可能出现了以下问题：

> 你分心了。翻到第三十三章。
>
> 你被打断了。翻到第三十四章。
>
> 你在消磨时间逃避工作。翻到第三十六章。
>
> 你没有日常规划。重新读一下第八章到第十章。

具体行动

我曾读过《费城商业杂志》上的一篇文章《宾夕法尼亚学生逃学创业》（作者劳伦·赫兹拉）。那篇文章是关于4名宾夕法尼亚大学学生创建公司的故事，公司名为"体会寒冷"。其中一个叫迈克尔·鲍威尔的学生告诉记者：

> 经常往返于课堂、考场、俱乐部、小组、艺术表演团队让我们无法兼顾校园活动和自主创业；总得有取舍……对我们而言，我们想看看自己的公司到底能走多远，我们要实践当初的承诺。若你可以专注于一件事，为什么要半途而废呢？

他成功了，没有半途而废！为什么不能全心全意地做一件事呢？

从现在开始，我们要一心一意地做一件事。一次只做一件事，即使注意力只能保持15分钟，也总比在1个小时内一心多用或来回切换任务好得多，否则你就会损失45分钟。喂！你可以集中精力工作15分钟，然后收工，或锻炼或小憩，加起来一共才45分钟！同样是45分钟，当你下决心专注于一件事时，就会事半功倍。

> 若你可以专注于一件事，为什么要半途而废？
>
> ——迈克尔·鲍威尔

筹划你的下一步行动

▶ 如果你总是一心多用或来回切换任务，具体原因是什么？

▶ 你的注意力能持续多久？

▶ 何时是你大脑最佳的工作时间？

▶ 你在哪里工作最有效率？

▶ 你将如何避免一心多用和来回切换任务？

▶ 你是否从本章介绍的策略方法中获益？

第三十二章　我的大脑总是超负荷运转

你属于以下哪种类型?

　　A 型: 你总是被动地工作。

　　A/O 型: 你不会被动地工作, 但是一旦开始工作就停不下来, 最后也不一定能提前完成。

如果你介于两者之间, 那就是 A 型的极端了。一旦投入工作, 你的大脑就处于超负荷状态, 达到废寝忘食的状态。

你注意过那些全天候营业的快餐店和便利店的标示牌吗? ——永不打烊。

你的大脑可以持续高效运转。这既是福也是祸。

目　标

你应该意识到, 夜以继日地工作并不会让你的大脑充分发挥作用。你要学会享受工作以外的生活。

方　法

1. 给大脑设定工作时间。

2. 安排休息时间。

3. 安排游玩时间。

4. 聊些与工作无关的话题。

5. 发展第二爱好——但不能与工作有关。

6.处理人际关系。

7.维系家庭关系。

策 略

你很能干，特别钟爱你的事业，你把工作当成"宝贝"，总想着怎么更好地照顾它、培养它，助它成长、使它变得更好。每晚临睡前，你都会把笔记本电脑拿到床上，想要多工作几分钟。结果，当你回过神来的时候，发现已是凌晨了。

你在度假时带着笔记本或平板电脑，想尽快完成手头的工作。甚至有时候，你只会和别人聊工作，看的书也都跟工作有关。当朋友或爱人想跟你聊点儿别的话题时，你总会莫名其妙地又聊回到工作上来。

我们痴迷于工作，这让别人对我们避而远之，尤其是那些亲近的人，那些我们可以与之分享一切的人。我们痴迷于工作，渴望进步，却让我们最亲近的人渐行渐远——这也是越来越多的人不渴望创业和晋升的原因。

此外，我发现，客户夜以继日地工作也是为了逃避家庭难题，可能是因为与爱人关系紧张，可能家里出了状况，可能孩子有了问题，也可能因为父母等人侵占了他们的空间。随着问题的恶化，他们的工作时间越来越长。他们害怕谈论这些麻烦，因为他们想逃避矛盾。可是，缺乏交流继续加剧了麻烦。如果你面临这种情况，就要尽快寻求帮助了。

给大脑设定工作时间

丈夫以前常常叫我电脑迷。还记得第二十二章"围绕生活要事和目标进行规划"的内容吗？丈夫叫我吃饭，我便到厨房随便吃了几口，就又回到电脑前继续工作了，这让他十分沮丧。即使生活在同一个屋檐下，我们也很少见面——这样生活实在太无趣了，所以我们应该设定工作时间。

你的大脑会集中在 X 时到 Y 时工作，我用 X 和 Y 代表时间，因为不是所有人都在朝八晚五地工作。你需要确定自己的工作时段。如果你要随时开车接送孩子，你的大脑就得随时处于工作状态。

> 控制你自己的命运，否则别人会代劳。
>
> ——杰克·韦尔奇

安排休息时间

心脏专家会告诉你，为了保持循环系统的健康，你每小时至少要站起来活动一次。同样，你的大脑也需要休息时间才能保持正常运转。研究表明，每小时休息 5 分钟到 10 分钟有利于大脑保持健康高效。

> 休息不是懒惰。夏日炎炎，躺在树荫下草地上，倾听流水的淙淙声，仰观蓝天上浮动的云彩，绝不是浪费时间。
>
> ——约翰·卢伯克

如果你已经工作了 50 分钟，那么剩下的 10 分钟就用来休息。如果你无法保持那么长的注意力，那就每工作 25 分钟休息 5 分钟，或者每工作 12 分钟休息 3 分钟。真的要重视起来。

安排游玩时间

美国人疯狂的工作态度是举世闻名的。工作努力并没有错，但是享受假期会让大脑更加敏锐。为什么你总会在上厕所或洗澡的时候想出好点子呢？因为你的大脑没有任何思考，处在一个放松的状态。想象一下，让大脑放松一整天，你会创造怎样的奇迹？如果让大脑休息一周呢？那么，休息一个月会怎么样？

好吧，我知道我们不能整月都不工作；但是，为了大脑的健康运转，我们确实需要在工作之余最少休息 5 分钟。只有大脑得到了放松，我们才能确定下一个伟大的工作目标。

现在，我们可以放松半天了！你的大脑不仅会感谢你，还会让你掌握主动权，因为这是你自己的决定。

聊些与工作无关的话题

不让你聊工作，刚开始可能确实有点困难，你可以考虑三个备用话题来打破冷场。如果聊天中间卡壳了，试试以下三个话题：

你今天过得如何？

你遇到过的最有趣的人是谁？

你的人生目标清单上都有什么？

发展第二爱好——但不能与工作有关

发展什么第二爱好呢？先问问自己喜欢干什么？

烹饪？

看电影？

跳伞？

健身？

品酒？

看书？

陪另一半？

陪孩子？

我确定，经过仔细考虑，你至少可以找到一件喜欢的事情，这样大脑就可以在工作之余休息一下了。

具体行动

讽刺的是，我们夜以继日地工作，却没有时间让大脑充电和休息，所以我们要用很长时间才能想出一个好点子或好的解决方案。若想高效工作，我们就必须放慢大脑的运转速度。

筹划你的下一步行动

▶ 你在什么时段工作？

▶ 你分别在什么时段工作或休息？

▶ 你第一个休息日（或半日休息）是哪天？

▶ 你能想到哪些备用的非工作话题？

▶ 未来还可以发现哪些工作以外的爱好？

▶ 你如何从本章介绍的策略方法中获益？

第三十三章　我时常思想中断，想法满溢

想象一下：你和潜在客户坐在公共场合——一家当地的咖啡店里。你已经对客户及其所在公司了如指掌，对相关项目也有了详细的了解。

我为客户建立了一个月度的跟踪系统，这样就可以跟踪他们的需求，随时予以跟进。

我要给购物清单里添加什么来着？是沙拉还是……

我竟然忘了给德洛丽丝回电话。天哪，她一定会失望的！一定会认为我是个健忘的人……

有能力的人的大脑中会不断浮现新的想法，这是福也是祸。思想中断会影响我们正常发挥。

目　标

把重点放在你的优先事项上。随时准备好捕捉头脑中闪现的想法，然后再回到当前的生活和工作上。

方　法

1. 每次只专注做一项工作。

2. 解放你的思想。

3. 用大脑防护盾来武装自己。

策 略

当大脑试图储存过量信息时，就会围绕着琐碎消息打转。我们总是担心忘掉某些事情，所以大脑也会试图提醒我们。这就好比养一只小狗，它总会跑过来跳到你膝盖上，好像在说："嗨！我在这里！别忘了我！"你跟它打个招呼，然后把它放到一边，接着忙自己的事。十分钟以后，小狗又会跑过来提醒你："我在这里！别忘了我！"

如果看到很多火堆，每个火堆里都有一个铁杆，你的大脑可能不清楚哪个铁杆对应哪堆火，所以满脑子都是铁杆，这时你就会感到迷惑。因此，如果你在为客户 B 做项目 A，为客户 D 做项目 C，同时也为同事 F 做项目 E，你的大脑就会变得一团糟。

此外，如果你不能将待办事项和各类想法清楚地分类、识记，大脑就会继续用各类想法轰炸你。就像那只小狗一样不断地提醒你。但问题是，若大脑不断地提醒你，你就什么都做不好。你会经常忘事，大脑运转越来越快。因为忘事，大脑会向你倾吐更多的信息，而它发出的信号越多，你存储的信息就会越多。但其实这么做并无益处。相反，大脑过热会导致你停工，然后一事无成。

有时，你可能会尝试完成那些灵光乍现的任务，但最后往往不成功。因为大脑没有集中注意力，还在不断地向你抛出想法和问题，从而延长了大脑中断的时间。

你应当尽可能清空大脑。将大脑中存储的东西写到纸上或电脑上，这样就会减少大脑中断的次数。如果每天都这么做，你还能提高睡眠质量。

该如何应对大脑中断呢？

每次只专注做一项工作

即使只能保持 10 分钟专注力，也远远好过让大脑高速运转 50 分钟。但是如何让大脑不再这样高速运转？你可以每次只专注做一项工作，保持一定的专注度。

解放你的思想

你是一个梦想家。成功的商人会让所有梦想成真。那么，该如何处理大脑存储的信息，从而提高工作效率呢？你该如何保持头脑清醒，更好地做出决策？解放你的思想吧，最好在确定 3+3 任务清单的时候。

把你所有的烦恼、工作和待办事项都写在一张纸上，或记录在你的手机或电脑上。解放你的思想！坚持每天这么做，或至少一周一次。真心希望你每天如此，这会帮你的大脑释放空间。解放思想可以帮你完成第二天的 3+3 任务，还能不断提醒你去完成其他长期任务。

用大脑防护盾来武装自己

可以这样理解，在解放思想之前，你的大脑就出现中断的状态了。有时候，你会在工作之余想到一个很棒的点子，那是因为你头脑清晰，所以才会突然灵光乍现。在理想状态里，大脑会意识到你不希望它被打断，所以会在解放思想之前把某些想法归档。但毕竟理想状态是不存在的，你是个有能力的人，有个能干的大脑，所以让大脑停止思考是不现实的。

你需要储存那些随机出现的想法，等待以后处理。因此，找到自己的大脑防护盾很重要。它可以帮你记录想法、点子和感想等一切在你工作或生活中灵光乍现的东西。

世上没有完美的防护盾，所以你需要创建一个行之有效的想法捕捉机制，并随时控制它。你可以用移动设备上的应用程序和电脑软件。如果偏爱非电子类工具，你也可以选择笔记本、陀螺、便利贴。参见第二十章"随时随地记录，永不忘记保存"介绍的具体工具。如果身旁没有可用工具，也可以选择废报纸。

我会综合使用上述工具。记录简短的想法时，我会用手机给自己发邮件；而记录稍长的想法，我会选择保守的四英寸线圈笔记本，因为我不擅长用手机打字。工作中，我会珍惜对方对我的尊重和关注，在几秒钟内抓住关键词，把注意力集中在对方身上。度假时，我也一样专注。在去西班牙的路上，我想到了上一本书的主题，于是迅速将其记下，再继续享受眼前的美景。在处理信息的时候，我会搜集这些想法，将它们分别归类到 CRM 系统、日历或提醒系统上。

具体行动

你是个实干家，脑中总会涌现出新的想法。当你实践本书的策略方法时，大脑的运转速度就会放慢，这并不意味着大脑不再工作。相反，它会工作得越来越好，最终帮你过滤掉随机想法，保留少而精的思想精髓。

筹划你的下一步行动

▶ 你的思路多久会被随机想法打断一次？

▶ 我们经常处于放任自流的状态，没有意识到自己已经切换了任务，你是如何感受到大脑中断的状态的？

▶ 你会使用什么捕捉机制来应用到你的大脑中断防护盾上？

▶ 如何实践本章介绍的策略方法？

▶▷ 第三十四章　我经常分心或被打断

几个月前的一个周六早上，我正在为妇女权益博客写一篇文章。丈夫不停地走进来问我问题，或者告诉我一些以前忘记告诉我的事情，尽管我很乐意见到他，但是因为他的打断，我最后没法完成那篇文章。

因为那时我的脑子里出现了各种想法，想到了很多要做的事情，所以整个上午都处于游离状态。

我丈夫是一名英语老师，每隔几周就得批改 150 篇论文。他会在晚上或周末把论文带回家，然后用几天的时间批完。那个周六下午，他必须完成他的批改任务，而我那时已经暂停写作，因为一上午什么都没写出来。

我走进房间，开始不断地向他提问，告诉他一些我之前想到却忘了跟他讲的事。由于不停地被我打断，他最后也只完成了少部分批改工作。

我不是故意给他搞破坏。我只是基于个人需求和日程安排才这么做。他在那个上午也对我做了同样的事。但我俩都没有指责对方。

目　标
向你的团队明确自己不能被打扰的时段。

方　法

减少自我干扰
1. 关闭手机的消息提示音。
2. 关闭平板电脑的消息提示音。

3. 关闭电脑的消息提示音。

4. 设置查看信息的时段。

5. 清除工作区的视觉干扰。

6. 清除工作区的听觉干扰。

7. 选择你的想法捕捉工具。

8. 每天张贴 3+3 任务表。

9. 张贴你的个人目标和重要任务。

10. 张贴你的工作目标和重要任务。

11. 设置十分钟专注时间。

12. 每小时安排休息时间。

减少外界干扰

1. 向各方明确你的工作时段。

2. 在门上张贴你的办公时间。

3. 将会见安排在工作时段。

策 略

在谷歌搜索"工作干扰研究",你会得到以下数据:

> 每个人平均每天会收到 110 个电话或通知。
>
> 查看智能手机会使人上瘾,感受如同受到多巴胺的刺激。
>
> 平均每次切换任务会浪费 1 分钟。
>
> 被打断后重回原来任务要浪费 25 分钟。

停下来回忆一下我们被打断过多少次,结果真令人难以置信。但是我们可以控制这些干扰,避免浪费时间。

为每个来电或留言都设置响铃或震动的人,并不能专注于工作。大脑每次重启都需要 1 分钟。如果人均每天会接到 110 个电话或通知,那么大脑每天重启都要耗费 110 分钟,一个半小时就这样付诸东流了!

我们每查看一次消息，就如同被多巴胺刺激了一次，那样我们基本就会沦落为瘾君子。你会让最好的朋友去吸食海洛因以获得快感吗？当然不会！他们会失去对时间的控制，变得不负责任，每次吸毒都会增加对身体的伤害。其实，玩电子产品就相当于吸毒！我们每天沉溺于电子产品几个小时，就是在耗费时间和金钱。每天晚上，我们都会意识到自己没有完成任务，这会产生无形的压力，这种压力以不同的方式侵蚀着我们的身体。所以，要对毒品说不，更要对自我干扰说不。

这是电子产品的干扰！那么，人的干扰呢？其实我们一直都被同事、朋友、家人和合伙人干扰着。同时我们也被盘踞在大脑里的各种想法干扰着。但是，女士们、先生们，是时候改变了。

干扰因素主要来自两方面：自我干扰和外界干扰。首先，我们来分析一下如何应对自我干扰。

减少自我干扰

1. 破坏性设备。

如果你想每天节省至少90分钟，就关掉手机、平板和电脑上的所有提示音。没错，就这样！电子邮件、短信、电话或社交媒体跟帖的一切叮咚声、铃声、哨声和震动都消失了。天哪！你能忍受吗？是的，与其摆弄这些电子产品获得快感，不如靠完成任务来获得惊喜！击掌！

是说永远不查看信息吗？当然不是。当你的大脑集中精力并准备好接收处理信息时，你可以简单地查看一下。你可以一天查看两次信息——早上和晚上。或者鉴于工作需要，每小时查看一次。原则是：你要对查看信息有所准备，而不是根据提示随时查看。

接打电话也同样如此。当别人要给你打电话时，明确告诉对方你方便接听电话的时段。如果你每次一听到铃响就接听电话，受到的干扰就和开着提示音受到的干扰一样。

2. 无益的工作环境。

杂物会变成很大的干扰。如果我们知道有一摞东西堆在那里，就会关注它；如果把它放在那儿数周，我们的潜意识里就会因内疚而分心，从而放松对手头工作的关注，无形中也就浪费了时间。

当我们盯着纪念品、照片、报价单和工作区的装饰品愣神时，也是在浪费时间。你肯定不愿意墙上没有任何装饰，因为那样不仅无聊，还让人没有灵感。但是你也不希望墙上或书架上到处都是饰品，要确保可以看到敞亮的墙壁、办公桌和书架。当我们的大脑感受到开阔的空间时，就会察觉机会，这种状态会让我们保持思路清晰。

同样，工作环境中的声音也会影响利用时间的效率。听最喜欢的脱口秀可能会减慢我们的工作速度，因为我们会花更多时间去听节目而不是工作。适当关注这些声音对自己专注力的影响。

3. 没有目标。

导致我们拖延和分心的原因之一是不确定自己的目标。即使你知道自己有 100 万件待办事项，但大脑却无法全力以赴完成其中一件。因为那些待办事项的数量干扰了你的行动。我们有必要张贴自己的每日目标，如果你知道自己需要在哪些时段完成哪些任务，就不会受到干扰了。规划好你的 3+3 任务清单，你就可以克服干扰。

4. 没有重要任务和目标。

当你把重要任务和目标摆在面前，就会明确工作重点，以及努力的方向。当你感到分心时，看看眼前的重要任务和目标，然后问问自己："如果我分心，还能实现目标吗？"

5. 精神风暴。

即使你没有患上多动症，也很难保持专注力。因为周围有很多影响你的因素。如果我们能在某一时刻捕捉到灵光乍现的想法，就可以迅速集中注意力（详见上一章）。我们想高效利用时间，所以用定时器帮助缩小眼前的工作范围。每次设置十分钟，十分钟的专注工作远比一个小时的随意工作有效率。当你察觉到专注时间有所提升时，就可以延长定时器的设置时间。保持聚精会神的状态和争分夺秒的意识，你就可以抵制干扰的诱惑。

6. 大脑崩溃。

我们是人，不是机器。我们需要休息。最理想的状态是每小时至少休息一次。心脏专家建议我们每小时走动五分钟，以保持良好的血液循环；营养学家建议我们，每小时喝一杯水，以保持身体所需水分；神经学家建议我们每小时让大脑充一次电，所以我们每小时需要休息一次。

我们无法保持最理想的状态，也就无法精准安排休息时间。所以，我们可以每完成一个任务就休息一次。或者，如果你觉得自己开始拖延或受到干扰，而且距上次休息已有一段时间了，就把这种干扰当作休息。当然，你不能每小时这样休息十次。如果已经埋头苦干了一个小时，那你的大脑的确需要充电了。

减少外界干扰

1. 电话和电脑。

从技术上讲，相对于精神和身体而言，电子产品带来的干扰属于外界干扰。这种干扰出现与否取决于我们，但我们常常把它转变成了自我干扰。关于如何控制这些干扰，详见本章上一节。

2. 工作环境。

和电话、电脑以及电子配件一样，相对于精神和身体而言，工作环境带来的干扰也属于外界干扰。但它们出现与否完全取决于我们自己，所以我们同样也可以将这些干扰转化为自我干扰。关于如何控制这些干扰，详见本章上一节。

3. 家人。

在本章一开始的实例中，我和丈夫在那个周六都一事无成，对彼此感到恼火。但后来我们终于知道如何控制打扰别人的时间了。

从那以后，我们达成了一致。我们会告知对方自己的时间表，这样就可以在自己集中精力工作时免受打扰。如果有任何问题，可以先写下来，待对方休息时再讨论。

如果你自己当老板或在家里办公，别人有问题的时候就会很自然地走进你的家庭办公室，因为这是你舒适的家，明确工作时间很重要，应告知你的家人。早上见面的时候，提醒他们关注应你的工作时间表，然后把"请勿打扰"的牌子贴在门上。但也要告诉他们可以随时敲门的紧急情况。

你最好每天召开家庭会议，这样就可以了解第二天每个人的任务。你可以制定一个时间表，保证每个人在工作时段不受打扰，这样你们就不会相互干扰了。

即使只有一个小时不受干扰的时间也会帮你大大提高效率。专注工作一小时远比在干扰状态下工作三小时有效率。如果你真的珍惜时间，那就好好守护这一个小时吧。这样你就多出两个小时的放松时间。

4. 同事。

在公司同样如此，提前确定你的工作时段。每天早晨，你要提醒同事或下属不要在工作时段打扰你，并把"请勿打扰"的牌子挂在办公室的门或墙上。如果你可以工作 3 ~ 4 个小时，那太棒了。但至少要保证在非打扰时段工作一个小时。这样你的大脑就会游刃有余，压力也会随之减少。明确各类可以被打扰的紧急情况，让大家明确你办公室的开放时间。

你最好每周召开办公室会议，这样就可以了解每个人在本周需要完成的任务。你可以制定一个时间表，确保每个人在工作时间不受打扰，这样你们就不会相互干扰了。当然，如果不可行，至少要明确每个人不被打扰的时段。每周召开 30 分钟的团队会议，你就能在接下来的一周节省很多时间，因为不会遭遇那么多讨厌的干扰了。有关团队会议类型，可参考第二十九章"富有成效的团队会议"。

5. 如何应对经常打扰你的人。

如果他们参加了团队会议，而你在会议上已经明确了自己不能被打扰的时段，你可以礼貌地说："在门上签字，在会上陈述，请勿打扰，请于 X 点再来。"

如果你听到他们说"可是……"，马上抬头看着他们，然后说："我们之前讨论过哪些属于紧急情况，请问发生了 X 紧急情况吗？发生了 Y 紧急情况吗？如果没有，请于 X 点再过来。"

上述这段对话的时间会比回答他们问题的时间更长吗？是的。但是你确实该这么做几次，这样他们才会意识到你对"请勿打扰"这件事的坚决态度。如果你回答了他们的问题，就意味着你之前说过的话不重要，也意味着你随时都可以被打扰。

如果几次三番都不奏效，你就得和他们约个时间讨论一下这个问题。没错，你要了解他们为什么不能理解你的要求，否则，他们就会不断地打扰你。如果你放任他们不断打扰你，那么其他人也会效仿，这就意味着你之前的话白说了。

那时，你就会又对自己感叹："天哪！难道我每天只有一个小时不被打扰吗？"

答案当然是否定的，除非你想继续劳累过度、压力山大。

6. 如何应对不了解你工作时间的人。

也许他们第一次来，抑或从没参加过你的团队会议，不知道你在会议上曾解释过减少干扰可以节省时间和提高工作效率的观点。你可以和他们聊聊，解释一下原因。如果你觉得这么做不太合适，那就把定时器设定五分钟，在门口跟他们解释清楚。因为如果让他们走进办公室，他们可能不久就得告辞。下面这样有礼貌的解释会帮你收到预期效果：

> 一路走来，我学到了一些生活教训，我意识到 ＿＿＿＿＿＿（填空：陪伴家人、照顾自己等）是多么的重要。为了这个目标，我必须提高工作效率。我发现自己总被打扰，这浪费了我大量的时间。所以，我每天设置了一个小时的"请勿打扰"时段，以完成更多的工作。希望你能配合。你介意 X 点再过来吗？这样有助我改善自己的健康状况。

朋友！你如果这么说，还会有人反驳你吗？你也不会和反驳你的人继续浪费时间吧？

筹划你的下一步行动

▶ 设定免干扰时段每天能为你节省多少时间?

▶ 在不停被干扰的情况下，你是如何完成重要任务和目标的?

▶ 在家里，哪些情况属于紧急情况?

▶ 在工作中，哪些情况属于紧急情况?

▶ 如果有人说专注工作是愚蠢的做法，你该如何让他们远离你?

▶▶▶ 第三十五章　每当坏事发生，我就陷入混乱

某天，阳光明媚，而我意外地遭受了三重打击。

一个潜在的长期客户告诉我，她决定和别人合作，对方资质不足、经验有限，但要价低廉。

我丈夫发现自己的PSA（诊断前列腺癌的特异性抗原）数值在一年内从0.01上升到了5.0。（PSA正常值应该在5.0以下，但丈夫的PSA数值变化太大了。）鉴于他有三名男性直系亲属曾被诊断为前列腺癌，这个消息着实令我恐慌。

我们心爱的狗意外地离我们而去了。

是的，那段时间就是这样。但决定人生际遇的关键并不是这些消息，而是我们应对这些情况的态度。

目　标

当意外发生时，让我们积极坦率地面对。

方　法

1. 检查你的优先事项。

2. 反思你的个人目标。

3. 回顾你的工作重点。

4. 回顾你的工作目标。

5. 接受现实，设置30分钟发泄时间。

6. 明确局势，调整你的愤怒和焦虑。

7. 明确预期结果。

8. 制定实施步骤。

9. 确定所需资源。

10. 必要时调整时间。

策 略

起初，我对失去客户合同感到非常失望。但后来，我明白了一个道理，只看价格而不注重质量，他们最终会为此付出代价的。我无法控制她的决定，只能听之任之，于是，抱怨了几分钟，我就不再纠结了。

丈夫的 PSA 测试结果让我倍感压力。他的父亲、哥哥和叔叔都曾与前列腺癌抗争过。我丈夫患癌了吗？如果他真的患癌了该怎么办？我们以后该怎么办？于是，我们决定周六早上好好研究一下。就是这样，不纠结，不要加深痛苦。我们收集了相关信息，包括从家人那里获取的信息，我告诉他不要担心，因为压力只会抑制身体的抗癌机制。如果丈夫真的患癌了，我们需要他有好的身体来对抗癌症。由于不知道接下来的测试结果如何，所以当泌尿科医生给我们讲述各种可能性的时候，我们给自己安排了忧虑时间。你没听错，我们安排了忧虑时间。

然后，我们心爱的狗——迪乌斯离开了我们。它是上天派给我们的救星。它的意外离世让我们异常悲痛，爱狗人士都会明白。如果你不喜欢狗，可能不太理解我的感受，但希望你能同情我们。更糟的是，四天后我们又送走了它的姐姐乔吉。当时我和丈夫的生活简直是一团糟。

我们很庆幸拥有这么好的同事和团队。丈夫的同事知道他从不旷班，也从不延工，所以帮他代课，让他有时间处理自己的问题。这些年来，我结交了很多善良的客户，那段时间，每当我红着眼睛出现在他们面前时，他们都表示体谅，他们和我握手拥抱，嘘寒问暖。

我们没有执行原定计划，但我们知道急需完成的任务，以及可以推迟的任务。我们明确自己的空闲时间，所以可以随时安排任务和约会，并相应调整自己的安排。

同时，我们决定直面这些不幸。我发现我们可以选择沉湎于悲伤和痛苦之中，也可以向命运挑战，并宣称："从现在起，一切都会好起来！"

我把那位斤斤计较的客户赶出了我的记忆，那是她的损失！

拿到 PSA 结果两周以后，我和丈夫又约了一次泌尿科医师，然后调整了应对压力的方法。我们并不是抑制感情，只是意识到担心那些我们无法控制的事情是毫无意义的。

迪乌斯离世，我们无力回天，乔吉随后也离开了这个喧嚣的世界。这让我们的大脑在轻微抑郁的状态下根本无法正常工作，所以我们决定快速消化掉这些情绪。在送走乔吉的第二天，也就是周三，我们陷入了无限的自怨自艾中，因为我们五天前刚刚送走了迪乌斯。于是，我们买来了比萨、薯条、啤酒、烈性苹果酒、两款冰激凌等各种不太健康但美味的零食。我们平时不怎么吃这些零食，但那时我们狼吞虎咽地吃着零食、看着电影、抱着我们第三只狗希尔迪——现在只剩它了。

周五，我抱着迪乌斯和乔吉的骨灰放声大哭。周六，我们为它们举行了守丧仪式，在仪式上向它们敬酒，回顾了它们的一生。

> 担心只会徒增风险，它让你反应迟钝，危害健康。
>
> ——阿梅莉亚·埃尔哈特

坚持履行你的使命

如果生活给了你当头一棒，不要消沉，要沉潜待发，回到高效的状态中。

在你的计划中留出点儿时间，让自己的心灵接受现状。尖叫、打拳、关上门发脾气等，你可以做一切发泄情绪的事。回归本真，把愤怒和悲伤释放出去。只有这样，你才能凭自己的力量重新振作起来，让生活步入正轨。不要压抑自己的情绪，也不要让那些情绪停留太久，否则你就无法保持头脑清醒，掌控眼前的局势。

重新审视你的个人优先事项、个人目标、工作重点和工作目标，有助你保持清醒，也可以随时提醒你，无论人生路上遇到什么困难，都要鼓起勇气完成自己的人生使命。

坐下来，策划一个项目管理会议。是的，如何度过这段艰难的时光就是摆在我们面前的大项目。明确自己真正需要掌控的因素，然后集中精力做到最好。

明确自己想要的结果。为此，你需要安排哪些步骤？需要哪些人加入你的团队？需要什么信息以取得进展？需要利用或获得哪些资源？

回顾你当前的时间安排。为了完成这个项目，需要把哪些工作放在次要位置？是否需要委派其他人参加，还是干脆放弃？是否需要调整时间和任务安排？

在初步完成个人头脑风暴之后，与你的生活团队或工作团队共同完成这个项目。当你承认生活不济，并专注于生活中的积极一面时，就能渡过难关。

具体行动

不论你多么有条理、多么乐观，总会遇到不幸的事情。

有些人的确命运不济，要学会用正确的方式处理悲伤和痛苦。人和人的处境并无可比性，我们应对自身处境的态度决定了人生的走向。

丈夫的 PSA 检测结果呈阴性，很庆幸，他并没有患癌症。但是泌尿科医生告诫我们："看情况他得癌症是早晚的事。"焦虑是没有用的，我们再次调整了心态，做好了心理准备，去面对今后可能出现的结果。我们要专注于可掌控、积极的事情，尽可能地利用智慧、体力和积极心态克服困难。你越乐观，就越有能力处理猝不及防的突发事件。

你越专注于生活中积极的一面，就越容易保持头脑清醒，从而做出更加明智的决定。

筹划你的下一步行动

▶ 客观评价身边不尽如人意的事情，你认为哪些事令人恼火，哪些事比较悲惨？

▶ 发生灾难性事件时，你的生命中是否有人愿意耐心而明智地帮你出谋划策？

▶ 列举你生活中积极的人和事。当灾难来临时，哪些事可以让你积极应对？

▶ 本章介绍的策略方法对你有何帮助？

▶▶▷ 第三十六章　我经常拖延……

安吉拉常常感到精神紧张，需要熬夜才能完成任务。不管是给她 24 小时还是 24 天，她总是拖到最后才去做。因为不愿意面对，她会做些别的事来转移注意力，比如：去忙活早该在一周前完成的工作，上上网，做些小活儿，在咖啡馆看看书或购物。

她每次都说，下次一定提早开工，但真到了下次，她依然老样子。这时，她会说："有了压力我才能做得更好。"然后又开始重蹈覆辙：深夜埋头工作——整夜睡眠不足——次日情绪波动。

渐渐地，她感到疲惫不堪。人际关系和工作生活都受到了影响。

目　标

抛开一时快乐（回避任务）的想法，在当下完成棘手的任务会使随后的时间轻松百倍。

方　法

可以尝试改变策略，让大脑中"使我快乐"部分与"自我管理"部分相融合，让自己始终保持活力。

如果你不喜欢做某件事时：

> 那就一大早起来做，剩下的时间会无比轻松。
> 那就完成后奖励自己（休息一下或是其他奖励）。
> 那就设定时间与时间赛跑。

那就放一首你喜欢的快节奏歌曲，边哼边工作。

那就看电视节目或网络视频。

那就在工作的时候听听有声读物。

那就听听古典音乐净化下心灵。

那就给朋友或同事打个电话，赶走孤单。

那就交给别人，或者跟同事交换任务。

那就在工作的时候抿上一口酒。

那就告诉自己你喜欢它，让大脑进入积极状态。

如果日程太满而无暇顾及时：

那就把任务分解成几小块。

那就给每个小任务定个完成期限。

那就别再往日程表里增加任务了。

你还可以考虑研究一下项目管理，这会帮你规划好完成任务所需要的时间和步骤。

如果你有完美主义倾向：

可以学会接受"足够好"要胜于"一点也不好"。

可以试着先进行第一步，开个好头会帮你克服完美主义倾向。

如果你认为"压力能让我工作得更好"：

其实每天在压力下工作并不利于身体健康。

你可以设定一个较早的截止日期，这样有意识的那部分大脑就会努力达成目标，潜意识里也不会有压力，因为大脑知道这不是真正的截止日期，你还有富余的时间可利用。

如果你不知道该如何完成时：

立马寻求帮助。

申请退出项目。在项目到期之前最好如实说明，不要事后搞砸了再去道歉。

请他人来做，或与同事交换项目。

如果你需要对某事做决定：

给这个决定设个期限。

每天花充足的时间进行思考。

通过互联网与朋友、同事、专家交流，对该项目进行探究。

或在一天内完成上述所有步骤，一劳永逸。

策略：寻求精神寄托

不论我们因为什么拖延，最终都要尽快完成工作，因为我们正将自己置于无限的压力之中。当我们在最后一分钟填鸭式地把工作搞定了，身体已经陷入了一种高强度状态，大脑会释放皮质醇让我们感觉像打了鸡血，但其实身体正被拖垮。有研究发现，除其他疾病外，皮质醇增多还会带来高血压、认知功能退化和体重增加等问题。如果此类化学物质定期释放，还会引起肾衰竭。要知道这些化学物质是帮我们在生死关头活命的，而非每天被肆意消耗的。

即使是那些有条不紊的人也会偶尔拖延，所以说希望再也不拖延是不现实的。对你而言，关键是如何降低拖延的频率？

拖得有点效率！

是的，本章讲的是如何不拖延。但是我早前说过，人的本性就是如此。我们总会在某一时刻犯懒。我就会偶尔拖延，尤其是碰上无聊的工作！毕竟我们不是机器人，也会时不时回避任务，那么如何才能不落后并完成任务呢？

答案是：高效地拖延。

最常见的拖延现象是拿着智能手机查邮件，登录脸书、推特等其他社交媒体。除非你搞媒体工作，否则这么一直看下去，没个20分钟、1小时，你是不会停下来的。

相反，你可以在回避一个任务的同时去做另一件事。想想是否还有其他任务比较吸引你？

> 是洗车？
>
> 是再次联系你心仪的客户？
>
> 是写一份下周要上交的提案？
>
> 是检查下周日程表并设置提醒？
>
> 还是去散步？

在第九章里，我们讲到了 3+3 任务清单，这有助于高效地拖延。你会暂时回避那些讨厌的任务转而去完成其他任务。一旦你从待办事项里画掉一个任务，就会特别有成就感，此时"让我快乐"的那部分大脑会十分满意，并助你投入最初逃避的那项工作中去。

没错，这就是心灵游戏。

这招挺管用。下一部分我会教你如何控制大脑并尽可能地避免拖延。

策 略

根据心理学家的说法，拖延症是希望目前感觉良好的一种状态，也就是成人耍性子"我不想"！

拖延症会使我们的生活苦不堪言。如果拖延项目、电话、邮件，到最后我们只能以极快的速度去收尾，以便在最后节点完成。这完全是给自己找麻烦。

如果在今天或明天能提前完成目标，而不用马不停蹄地赶工又会是怎样一番风景呢？或许，当你匆忙完成任务时，你能感受到肾上腺素带给你的好处吗？

> 拖延是一门与昨天保持步调一致的艺术。
>
> ——唐·马奎斯

有研究表明，克服拖延可以归结为思想控制和自我调节。它是关于精神的一种管理。当意识到自己在拖延便是第一个关键，而后就会跟自己玩一场心理战。

你可以问问自己："我想把这个任务、工作、痛苦的事做完吗？并且这样能避免肾功能衰竭、体重增加、大脑机能失调、压力过大、心情不好或见人就骂吗？"

你也可以问问自己："明天到来之际，我会为自己提前完成工作而感到自豪吗？当宽慰自己任务已经完成时，心情是宁静而非恐慌的吗？"

你还可以告诉你自己：

"我原谅上一次的拖延，现在我要开始努力了。"

"我可能会花更多的时间来抱怨和回避这件事，而不是花时间去完成它。"

"我会假装为我最好的朋友做这件事。我知道如果我承诺了，就会做好。"

问问自己："如果现在不做这件事，生活是否更美好？"

看看研究是怎么说的

拖延的人往往是在寻求短期的、当下良好的感觉，他们为此却付出了长期的代价。

任务回避（拖延）是一种避免恐惧和焦虑等消极情绪的策略。

我们决定拖延就是在打破自律和自我决断力。

拖延与控制和自律有关，与时间管理无关。

拖延会导致皮质醇分泌增多，给我们带来很多负面影响，如体重增加、免疫力下降、高血压、肾功能衰竭和大脑功能受损。拖延真的很致命。

一再原谅自己拖延行为的人很可能会不断拖延。

专注于未来的幸福能缓和目前不愉快的情绪，而这些情绪可能会阻止我们完成眼前的任务。

拖延症的类型

根据我的咨询和辅导经验，拖延症有两种类型：慢性拖延症、情景拖延症。

慢性拖延症者几乎每天都会拖延任务。在这种拖延模式下慢性拖拉的人也许会正常生活，但时间久了就会逐渐失去很多机会，甚至健康都会出现问题。虽然慢性拖延症者对外会自嘲，但内心却极其痛苦。我曾目睹过他们的痛苦和眼泪，以及对现实的妥协。他们知道拖延症对自己伤害很大，却无能为力。尽管已经尝试了各种途径，却没有比有人坐在他旁边盯着他干更管用的办法了。

如果你对此有同感，那么你内心深处就知道我要说什么了。对这项研究表示赞同的医学专家发现，缺乏自我调节是导致拖延的原因，因此他们建议拖延症者进行咨询或采取认知行为疗法。如果你切实地尝试了本章提到的每一个策略和战术，却仍然根治不了拖延症，那么我鼓励你寻求上述办法，毕竟在头脑管理和时间管理的技巧上，回避任务的心态是可以根治的。

情景拖延症每个人都会有。这是人之本性。不管我们有多大的自制力和自控力，偶尔都会拖延，总会有不想做某件事的时候。如果我们只有三岁，耍脾气还情有可原。但作为成年人，我们就可能会把耍性子变成拖延症。

我们为什么拖延？

原因如下：

> 我们不知道如何做。我们害怕承认，或者不知道跟谁去学怎么做，所以一直推迟。
>
> 我们不想做。"我不想！"
>
> 我们日程安排太满无暇顾及。我们有太多的事要做，不知道哪个才是最佳选择。或者会认为："既然知道没时间，何必要开始？"然后去做一些比较容易的事，如查收邮件或购物。
>
> 我们需要给某件事做决定。对有些人来说，拖延是决策困难的一种应对机制。当某个不管是极其重要还是微不足道的决定需要做出时，去购物或做那些不需要太久就能完成的任务，是常见的回避策略或精神寄托。
>
> 我们有完美主义倾向。我们希望一切都无懈可击。但是不确定最后能否一帆风顺，所以干脆回避了这项任务。如果不开始，就不会搞砸它。
>
> 我们认为，"在压力下可以工作得更好"。应该意识到，当你在

匆忙工作时，实际上正伤害着你的身体，因为这种仓促感来自皮质醇的分泌。你可以考虑定个目标，通过提前完成任务，用轻松和满足感取代这种仓促感，就不会造成肾损伤和超重了。

争取在今天或明天就完成你的目标，不要让自己一直处于疲惫的加班状态。

具体行动

安吉拉终于改善了拖延症。她尝试着用心理游戏来对付拖延。她经济拮据，因为购物随意的习惯导致她很浪费，所以她定下目标每周只花 25 美元，每月花 100 美元来购买计划外的东西。

当她觉得要犯拖延症时，会问自己："拖延这项任务是会让我远离债务吗？不，只会使我进一步陷入债务深渊，所以现在我要完成它。"

她给那些讨厌的任务设定了 30 分钟的完成时间。最后发现不是任务令人不快，而是对这些任务的拖延产生了不快的负面情绪。所以，过了一段时间，安吉拉居然开始期待有更多的任务去完成。

筹划你的下一步行动

▶ 如果你拖延，常见的原因是什么？（回答这个问题可能需要自我剖析和反省，但请尝试着回答。）

▶ 当你要犯拖延症时，是什么感觉？

▶ 当发现自己正经历上述感觉，你会通过什么方式来减少拖延？

▶ 通过减少拖延，你每天能省下多少时间？

▶▶▶ 第三十七章　我不是完美主义者，但不想出差错

普丽西拉是个女商人，才华横溢、无人能及。她的工作态度一丝不苟，始终如一地高质量完成任务。

然而，工作背后的她却极度沮丧。为了不让同事们觉得她霸道，她从不将要求强加于他人身上。因此她一遍又一遍地审核、修改项目，有时甚至一个人半夜伏案工作，为的就是在工作上做到无懈可击。

当一个项目不能完美开展时，她就会停滞不前、慌乱不已。她不知道该如何下手，然后又不断地发现小错误，但是在这个过程中她很少注意到已经完成的 99.5% 的工作是完全挑不出刺儿的。她觉得自己是没有什么值得庆幸的，因为她总是把注意力放在未完成或未达标的事情上（这也是她过人的一面），而不是关注已有的成就。

目　标

学会接受金无足赤，人无完人，懂得追求完美只会徒增压力、耗费时间。工作完成好即可，不要一味追求无懈可击。

方　法

当你在执行本书的策略和战术时陷入停滞，多半是担心自己不能做好，或不知道从何下手才能达到理想效果，那么，试着默念以下信条：

90% 还是 A。90% 还是 A。

足够好总比不好强。足够好总比不好强。

先做一小部分。先做一小部分。

为了知道这对我是否有效，我先尝试两周。

运用这些策略和战术没有优先顺序。选择适合自己的就好。

如果因为没能圆满完成任务而倍感自责，那么用定时器给自己设置 5 分钟时间摆脱这种烦恼。我们绝不允许这些想法阻碍你前进！

策　略

完美主义会带来巨大的障碍。如果你有完美主义倾向，你可能出现过如下行为：

仔细地检查项目中的每一个细节。

不习惯只检查一两次，需要多次重复检查，以使工作更完善。

即使项目已经提交，还是会回来检查，看看能否做得更好。

差一步就完成了，却担心不够完美，工作暂停。

有时因为担心不正确而不想进行下去。

一切事情都必须尽善尽美，否则不会去做。

只去做可以圆满完成的事情。

如果不确定如何能让任务更加圆满，就会停下来。

偶尔会因为不能圆满完成任务而感到非常沮丧。

认为"足够好"是借口，其实就是还不够好。

以上这些行为只会耗费你更多的时间。

足够好就可以了，追求完美只会让你每次都搞得一团糟。
——丽贝卡·威尔斯《深思的马蹄莲那至高无上的荣耀》

为了厘清大脑思路，下面这几个头脑游戏你可以尝试着做一做，从长期来讲是可以帮你省时间的。

90% 还是 A！现在听上去可能有点可怕，但是这一信条会成为你人生的救世主。因为高标准但不完美是完全可行的。

因为害怕搞出一个不完美的结果，所以你从不开始。足够好比一点都不好要强。"足够好"不是一个站不住脚的借口。

因为害怕搞出一个不完美的结果，所以当你做一个项目时，光是返工和调整就会让你做到呕吐。你时刻提醒自己"再来一次"。你得让自己从对100+的分数渴望中走出来。有时候，大声告诉自己去做其他事吧。把这项任务放到一边，走出房间，问问自己："如果这项工作不是100%的完美，美国会因此而参战吗？有人会因此而丧生吗？"既然答案是否定的，那么你就又活过来了。相信我，我还活着呢。

专注于小细节会让你铤而走险。所以你需要决定生活的优先事项：选择完美还是理智。我在参观文森特·凡·高当年所住的位于法国普罗旺斯的精神病院时，有幸拜读了他写给兄弟和朋友的书信。他对细节的痴狂使他成为在自己看来最差的批评家，画作也没有完成——或许就没开始。当然，还有其他影响他心理稳定的因素，但他在书信中所表达的痛苦可以直观地帮我们了解完美主义者的挣扎。如果他能放下一些小细节，兴许他还会有更多的作品问世。

作为一个从完美主义倾向跳出来的人，我可以告诉你进行这种改变刚开始时很艰难，但是生活不再那么充满焦虑就是对你最大的回报。如果我的完美主义占了上风，就不会出版这本书了。书里随时可能会出现一个拼写错误或不正确的标点符号。但是我得在某一时刻停下来对自己说："我已经做得足够好了，我要满足。"与例行公事一样，我可以随时重新审视这项工作，并在必要时进行修改，或出版第二版。但同时也意味着我可以将这项工作从待办事项中画掉了！

你之所以身处黑暗中，是因为你拒绝阳光照耀你。你关注的是自己所缺少的而不是已有的。从来没有完美的冒险经历一样，因为在路上不可避免地会出现一两个小插曲，当你回忆起那些冒险经历时，希望你可以让快乐的体验取代不愉快的小插曲。同样，你的工作也如此。

具体行动

　　我和普丽西拉把关注点放在了她的能力上。着重训练她从之前只关注瑕疵转换为关注每一次的成功，肯定她所做的是正确的，以增强自信。随着信心的不断加强，普丽西拉感到越来越安心，她的大脑开始渴望庆祝每一次的成功，压力水平也不断降低，空闲时间也变多了，所以她现在更容易感到心满意足。

筹划你的下一步行动

▶ 你认为完美主义倾向耗费了你多少时间？

▶ 在耗费的这些时间里你愿意做什么事？

▶ 如果你担心不能按书中的步骤实施，你会选择做什么事来打消这个念头呢？

▶ 你将如何提醒自己避免完美主义，以实现目标？

▶▶▷ 第三十八章　我入睡很困难

我有很多客户都会陷入这样一个循环：

工作到很晚，等爬上床已经筋疲力尽。但又不能很快入睡，因为大脑还在为前一刻的工作高速运转。

好不容易入睡了！结果半夜醒来却再也睡不着，于是干脆爬起来继续工作。

第二天他们都困得够呛，然后靠咖啡因度过疲惫的一天。但是等晚上睡觉时间到了，却不累了，因为喝了过量的咖啡和其他功能性饮料，他们的大脑不停地嗡嗡作响。

"还有很多事没干！""今晚没时间好好睡觉了！"即使想睡觉，大脑不休息怎么睡得着？

目 标

把大脑里的想法清空，睡前减压，彻底放轻松。

方 法

1. 每天进行头脑解放。

2. 睡前两小时避免吃东西或喝水。

3. 睡前 30 分钟关闭所有电子设备。

4. 睡前 30 分钟放松，不想工作。

5. 睡前做 10 次深呼吸。

策 略

到底是什么导致失眠？梅奥诊所是这么解释的：

> 压力
>
> 焦虑
>
> 抑郁
>
> 环境或工作日程改变
>
> 不好的睡眠习惯
>
> 咖啡因、尼古丁和酒精
>
> 晚上吃太多

注意：有些失眠是由病情引发的，所以如有必要的话，一定要去看医生。

即使你很热爱自己的工作，但总会有一堆任务和项目等你处理，多少还是会给你带来压力和焦虑的。所以每天临睡前在 3+3 任务时间清理大脑有助于大脑休息。如果条件允许，最好在睡前的 30 分钟（也就是大脑休息时间）做这件事。

睡前两小时不要吃东西、喝水。很多时候，就是因为睡前吃了东西才导致我们彻夜清醒。糖分和咖啡因会让清醒时间持久。但我们往往意识不到食物的副作用——阻止我们快速入睡。

睡前 30 分钟关掉所有电子设备。（有些研究建议提前到睡前 60 分钟。）研究表明电子设备会刺激大脑。晚上睡前看电视、查电话、看平板会让大脑受到刺激，进而延长入睡时间。

在大脑停工期间不要再做任何决策，也不要读书。没错，睡前也不要读我这本书，因为它需要你思考。如果这样，大脑就会再次紧张起来，这可不是睡前该做的事。即使一个简单的纸牌游戏也令人费脑，因为你要思考出哪张牌。所以，可以选择阅读一些不需要动脑的小说或非小说类文学作品，比如，人物传记、名人八卦，或进行冥想。

睡前做十次深呼吸。呼吸可以清空大脑，放慢心率，使人平静。

如果出于某种原因你在半夜醒来，千万不要坐起来继续"干工作"——你很有可能再也睡不着，因为大脑又开始运转了。这时，你可以读会儿不费脑的书，然后关灯睡觉。

具体行动

过去我常将它称为"创业失眠症"，因为很多跟我合作过的老板都因睡眠不足而饱受折磨。然而当我和那些受雇于公司的人打交道时——我发现不管是行政人员，还是管理层——只要压力大、烦恼多或思想负担重，同样会经历失眠。

想成为一名优秀商人，就减轻大脑负担充分休息吧。只有头脑清醒才能迸发出创造力，做出明智的决策。

筹划你的下一步行动

▶ 睡眠不足对你有什么影响？

▶ 你一般什么时候清空大脑？

▶ 睡前两小时如果不吃东西不喝水，你还会干点什么？

▶ 你怎样才能记得在睡前 30 分钟关掉所有电子设备？

▶ 在睡前 30 分钟（至少 30 分钟）你会通过什么方式来放松？

第三十九章　我常常迟到或错过约会

吉米是个报社记者，他很积极进取，所以经常通过忙于和他人见面、采访、写报道、联络感情来稳固根基，赢取领导信任。

有一次吉米和某位合伙人约定了时间要见面。对方尽管当时的日程都排满了，但还是给足了吉米面子，留出了时间与他碰面。对方知道未来在工作上他们可以相互帮衬，她也乐意帮助吉米。

会面地点距吉米只有20分钟的路程。为了按时赴约，吉米提前把这次约会记在了日历上。

然而，在会面前一天，吉米并没有完成他的3+3任务，也忘记了查看第二天的日程，一场暴风雨即将来临。会面当天早上，他没有首先查看日程表上的重要事项，而是先去查看邮件，然后发现一个不太紧要的问题，但是由于对方难缠，吉米不得不一股脑儿地着手处理邮件了。

在这期间，吉米全然忘记了他和那个合伙人还有个重要的会面，而这个人不仅能在当前帮他完成一个特别的项目，还能在未来向他伸出援手。

这位忙碌的女士为了能和吉米见面，特意腾出时间，会面前两天她还提醒了吉米。约定见面的时间过了五分钟后，她给吉米发了封邮件："你在吗？我坐在最南边等你。"

"很抱歉，社论这边出了点问题，所以我不能赴约了。"吉米回复了邮件。

最终吉米还是没去赴约。当然，他也错过了未来的机会，因为他缺乏对时间的尊重、对那位女士的尊重，并且在对方心里种下了不信任的种子。

从那以后，这位合伙人再也没答应过他的会面邀请。

目 标

相互制衡的日程体系包括：提取信息，确认，留出时间，再次确认。

方 法

1. 在任何谈话中都要遵循一个规则，在同意会面前先扫一眼日程表，确认与其他的安排是否有冲突。

2. 确保在挂电话前已经掌握具体见面时间、时长、地点，以及所需要携带的相关交付产品等信息。

3. 在行动之前，从各个日历系统中提取会面的相关信息。

4. 给对方发邀请函或邮件确认函，附上双方同意的相关细节。

5. 确认抵达会面地点的路程，并把具体时间记录在日程表上。

6. 预估这场会面的时间，并在日程表上空出具体时间。

7. 在会面前一周发邮件确认相关活动细节。

8. 每天工作结束前，完成3+3任务，并检查第二天日程。如果会面安排与其他工作重合了，可以提前与其中一方取得联系表示道歉，重新安排时间。

策 略

当你试图记住大量信息时，通常情况下大脑皮层还是会忘记会面的相关细节。如果发生这种情况，个人生活也许不受什么影响，但在生意场上，这可就致命了。如果没应约会面，可能都没有第二次机会了。

提取信息，确认，留出时间，再次确认。

弄清楚拟参加会议的目的和日期

在答应出席某场会议前，先问问自己是否需要参加，这一点可以询问会议策划人。如果他对此茫然，你就要认真考虑一下了。如果出席了，扫一眼日程表看看前后有没有其他会议、约会、任务。如果你第二天有重要的项目呈交，那就没必要参会了，尤其是那种持续两个小时却毫无意义的会议。如果你有随时查看电子邮件的习惯，可以快速扫一眼是否有其他更重要的事项等着去做，这样就有理由把开会这件事搁置一边。

也许你会对自己说："该死的！参加一个会要操这么多心！"尽管事实的确如此，但从长远看，操这些心能帮你摆脱压力，因为不用熬夜就有足够的时间完成工作、和他人见面。

如果被要求策划一场会议，你可以稍后回复，就像这样："请让我查看一下日程表，稍后答复您。"

如果你在开会中间得知要提前布置下场会议，正好同事们都在场，那么就可以趁热打铁完成安排工作。当同事们相互讨论各自观点时，我总是最后一个发言，因为这样可以有充裕时间组织自己的观点。但是，如果和客户安排见面，我就需要事先检查待办事项，以免会面安排重复。在客户方便的前提下，我会让他们等我 90 秒，然后快速扫一眼日程表和邮箱。在这安静的 90 秒，我可以放心地做出决策、掌握好时间。

掌握会议细节

不管你在什么情况下打电话、发邮件、发帖子，还是其他什么事情，一定要掌握每一个细节，并用符号将其标注在日程表上。用 60 秒的时间梳理一下有关这场会议的细节：在哪天举办？开始和结束时间是什么时候？地点在哪儿？需要带什么东西？如果这些信息不确定，那么在会议召开前至少一周内，明确由谁负责向你提供信息？如果在外地举办，他们至少要提前四周通知你，这样便于做行程计划。如果不能及时获取信息，你可能不想和这些人打交道，因为他们做事没条理，从长远看还会浪费你的时间。

纸质的还是电子的？

你需要把会议的相关信息记录下来。如果你比较倾向使用电子产品，那么就记在手机、平板或笔记本电脑里。如果你有纸质的日程表，那就用符号在同一位置或指定的备注页中标注。在这 60 秒的时间里，为了避免遗忘或错过，你要确保把它记录在日程表中，不要指望大脑能记住它。"记住做这件事"

只会让你的大脑不停打转，很容易就忘了。

在这种情况下很多人会问我："我是应该记录在纸上还是电子设备上？"这个问题其实该这么问，"我在工作和外出时应该选用哪一种方式记录呢？我真的会每天都检查吗？"

其实没有适合每个人的答案。适合你和你大脑运转模式的答案只有一个。如果觉得纸质记录比较舒服，那就坚持用纸记录。如果喜欢电子产品，那就用电子设备记录。但不管你选择哪种方式，你必须坚持每天记录。

跟许多人一样，我没有特别的倾向，两种方式都能接受。手机日历上的小圆点不能呈现信息，只能提醒我有事要做。直到我开始使用屏幕很大的三星手机才解决了上述问题。但有时候即使手机屏幕很大，还是不能完整地呈现所有信息，所以我把计划写在纸质日程表上。这样一次就能看到一周的工作量，从而防止计划超负荷或预约重叠。一旦确定某个会面符合日程安排，我就会把它写进纸质日程表里，并同步到手机上。

同时使用这两种记录方式给我带来了如下好处：（1）我的大脑轻松不少，因为事件被记录在两个地方，这样怎么都不会遗忘；（2）由于我的助手可以进入我的数字日历，这样就能帮我安排会议。她会在我和客户见面前至少预留一小时，这样我就有足够的时间赴约。通常只要不确定我是否有空，助手都会在添加其他事项前跟我确认一下。

> 每天反复做的事情造就了我们，然后你会发现，优秀不是一种行为，而是一种习惯。
>
> ——威尔·杜兰特

发一封确认函

不管你一天是否有空，都要记得给对方发送邀请函或电子确认函。毕竟你之前只是口头同意参加这场会议。但是，如果对方不善于管理自己的时间，发送一份会议确认函就能确保他们不会遗忘这次会议。毕竟，当你的时间因为会议没能如期进行而浪费掉时，将责任归咎于对方，你心里就会坦然很多。如果对方了解你，并主动给你发了确认函，那就太棒了！无论是谁先发起，要确保会议细节都囊括在内，这样就不会有疑问了。

预留行程时间

人们经常会忘记在日程上预留行程时间。我有很多客户开会迟到都是因为只在日程表上设置提醒，却忘记预留行程时间。弄清楚你要花多少时间才能收拾好东西，上完洗手间，然后赶赴会场。可以的话，把需要可能耽误的时间也计算进去。例如，如果你做上述所有事情总共需要 30 分钟，那就写在纸质日历上或者电子日历上——事件标题是"出发去开会"。这会提醒大脑在合理的时间出发。

预留准备时间

如果你参加会议时什么都不带，很容易会闹得一头雾水。所以，在踏入会场前你需要事先准备一些东西。那么，需要多长时间去准备呢？什么时候准备呢？把这个规划到你的日程表中。为什么这么做？因为如果不写进日程表，也不设置专门的时间来提醒，最后这些事儿就会让你心生厌恶甚至需要加班才能完成："哦，天哪！我必须得这么做了！"不管是需要 15 分钟还是15 个小时去准备，记得在日程表上把这段时间空出来。

再次确认会议

在会前一周发邮件确认所有细节。如果在外地开会，至少提前两周发出确认函。花两分钟发确认函有利于让大脑记住这件事。如果得知对方无法出席，你就可以在那个时段安排另一个客户会面或会议。

每天回顾你的日程

当一天工作结束时，按照你的 3+3 任务安排，回顾一下日程安排。如果你遵循本章所有的步骤，就不太可能把两个约会安排重复。如果不巧这种事发生了，你要事先联系其中一方，让他知道你犯了错，需要重新安排一下。为什么要承认犯错？因为如果你告诉他们临时要处理别的事情，就代表你不重视他们。如果他们也这么认为，就会对你产生不好的印象，所以最好还是爽快地坦白错误吧。可以在重新安排见面的场合向对方道歉，记得要请客哟。承认错误可以避免让对方误以为你不尊重他们，这总比你最后不出现要好。

对方也许会因你的错误而恼火，但至少会欣赏你承认错误的姿态，并为此感到满意，同时他们还可以有机会另外安排时间重新去做其他事情。

这是为了防止迟到和错过约会而应有的思维方式。

具体行动

我喜欢凡事尽量持积极的态度，因为消极情绪只会让我们陷入更多烦恼。然而，从错误中吸取经验也是十分重要的，所以让我们现在就利用这个机会吧。

吉米被解雇了。

他认为使用这些制衡之术只是在浪费时间，他没有尝试去改变他的习惯，而是继续迟到——甚至心安理得地爽约。

他决定不做改变，尽管这种改变能提高他的决策能力，帮他提升时间管理技能。

绝不要像吉米那样。

筹划你的下一步行动

▶ 你赴约迟到的情况多久发生一次？

▶ 你认为是什么导致的？

▶ 你完全忘记了赴约的情况多久发生一次？

▶ 你认为是什么原因导致的？

▶ 根据本章内容，你将采用哪些策略方法以便按时赴约？

▶ 如果有任何人阻止你实施本书的制衡战术，你会如何向他们解释这个过程对你有帮助呢？

第四十章　我经常把机会变成压力

一家大公司联系朱莉，给了她一个从事研究培训项目的机会（当埋头回复邮件时她错过了儿子的第一次本垒打）。当朱莉搞清具体情况后，就将我教她的方法派了上用场。她告诉对方第二天再答复。她先仔细估算了一下在截止日期前完成该项目需要多长时间，然后意识到要么彻底忽略她已经承诺过的客户，要么在接下来的两个月里昼夜不停地加班才能完成这份巨额合同。她深吸一口气，看了眼她的优先事项列表，又看了看银行存款余额——最近房子出了点状况，存款又不够了。再回过头看看优先事项，然后她给那家大公司回了电话，告知对方自己无法在规定的时间内高质量地完成工作，因此礼貌地回绝了。

朱莉真的能赚到那笔收入吗？当然啊！对于她而言说"不"真的很难，但是她为捍卫了优先事项而倍感自豪。过去每一次面临类似抉择时，她都会陷入一种疯狂的状态，错过了一次又一次与孩子们相伴的时光。她不想再有遗憾，也不想在抑郁的情绪里浪费时间了。

目 标

只做那些有助于实现目标的工作，而不是以牺牲目标为代价的工作。
思考、规划，并相信每天都有足够的时间去做真正需要完成的事情。

方 法

1. 不要马上接受任何工作。

2. 相反，回答说："我需要检查日程表，明天答复您。"

3. 确认这项工作能否保证你的优先事项或重要目标完成。

　　如果不能，拒绝邀请。

　　如果能，列出完成这项任务所需的步骤，以及每一步要花多少时间。

4. 检查日程表。估算每一步具体在什么时间完成？

5. 和对方交流完成项目的具体时间，这样有助于提升项目完成的质量。

　　如果对方同意你的进度，则接受项目。

　　如果对方不同意你的进度，就要抉择删除哪些任务来达成工作目标。

策　略

　　如果能在每天工作结束前，花心思规划一下长期项目和第二天的 3+3 任务，那么你的日程就更易于管理。遵循本书的各种策略方法，你会摆脱效率低下并赢取更多时间，也将学会如何更加谨慎地给自己安排工作。

　　但是那些唾手可得的"好机会"该如何处理呢？

　　对于能干的人而言，很容易陷入这样一种心态——"我必须完成这项任务，否则我会输的！"

　　让我们回顾第一章曾讨论过的，如果试着 180 度大转弯，不去想个人的优先事项会怎么样呢？"我应该花些时间来提升我的健康水平、家庭生活或婚姻的质量，否则我会输的！"接受"下一个任务"能保障优先事项完成吗？查看你的工作重点清单将有助于大脑更好地利用时间。

　　接受的任务是否有利于完成工作优先事项？

　　接受的任务能否让你更接近自己的商业目标？

　　如果不牺牲个人优先事项和目标，你能完成接受的任务吗？

如果对以上三个问题的回答都是"是",那么请在日历上把项目的各个阶段标进去。

如果回答是"可能",就需要仔细考虑一下要不要接受这项任务了。你读这本书是因为你希望白天能宁静些。接受这个任务会给你带来更多的平静吗?还是让你再次远离平静?

如果你对上述三个问题的回答都是"否",那你就该拒绝了。

你要从容不迫地节省时间

与你以前的反应相比,这个过程有什么不同?首先,需要你犹豫一下,不要因为"见钱眼开"或害怕老板就立马接受。

> 预测未来的最好方法就是创造未来。
>
> ——艾伦·凯

其次,要求你自己控制时间而不是由他人掌控你的时间。当对方不认同你的工期,或者时间进度没有回旋的余地时,请参考一下我推荐的方法:

确定自己有没有其他次优先级工作,且完成时间是弹性的,这样就能腾出时间去完成对方交给你的项目。

请求家庭成员取消"约会",这样你就能腾出时间做项目了。

雇其他人来帮你完成日程表上的任务,这样你就可以腾出时间完成对方的项目。

向对方解释诚信是你完成好工作的前提,然后礼貌地回绝这个项目,因为你不希望交付的工作质量不尽如人意。

在上述情况下,你完全可以把控。你能决定如何利用你的时间。毕竟,这是你自己的时间,其他人不能把你的时间抢走,除非你拱手让给他们。

再次,这个过程要求你将注意力放在优先事项和目标上,同时考虑这个项目所涉及的步骤。我经常看到有些人只关注日程表上是否有即将到期的项目,如果没有其他项目,他们就会欣然接受这个项目。直到后来,当他们开始分析项目所需的时间、人力和资源,以及对事业和个人生活的影响时,才发现这时候再退出项目为时已晚。

所以不要依赖手机日历上的彩色圆点了，相反应该：

> 尽可能多地了解关于潜在客户、任务或项目的信息；
>
> 确定这些需要花费你多少时间和精力；
>
> 看看你的优先事项和目标，确定这个项目是在帮助你还是在阻碍你；
>
> 然后再决定是否接受。

机会只有在助你实现你想要的生活时，才是伟大的。

只做那些有助于实现目标的工作，而不是以牺牲目标为代价的工作。

思考、规划，并相信每天都有足够的时间去做你真正需要完成的事情。

如果你在公司工作怎么办？

你可以运用以上策略，除了雇其他人来做或者直接拒绝这两条。这也需要谈判的技巧，你可以同项目负责人协商时间进度。如果负责人不给你机会设定截止日期，可以参考下面这个协商的案例。

场景：现在是周二凌晨 2 点。你要在周三早上 9 点把 Y 项目交给你的老客户。此时老板经过，以下是谈话内容：

> 老板：大客户打来电话要提案，今早 5 点前给我。
>
> 你：没问题。可是我只能推迟 Y 项目了，不要担心，我会在周三下午前把 Y 项目交给您的。

在理想的状况下……

> 老板：我很高兴你掌握自己的项目进度。谢谢你这么负责，我会给你提 10% 的薪水！

现实却是……

> 老板：什么？

你：我很在乎这家公司，所以一定把最好的成品交上去。这意味着 Y 项目——如果在明天上午 9 点交上去——就达不到我自己的标准了。我只想尽可能交出最出色的作品，所以我周三下午前把 Y 项目给您吧。

老板：我们答应了两个客户会在规定的时间内完成，所以你最好履行承诺！

你：如果我能在不给客户带来麻烦的前提下让他们双方同意延后截止日期，您看这样可以吗？

老板：随便你，祝你好运。如果你让他们生气了，那你就走人吧。【离开】

你：【在决定之后，发现让刚才提出请求的客户延期应该会更容易实现】您好，请问是某某客户吗？我想给您一份最新的提案。我们正在为您找一个更优方案，但明天早上才能确定它是否可行。请允许我花更多的时间为您研究，并在明天下午向您提出方案。太好了，谢谢！

在本书第三部分"组建你的团队"中，我们讨论了如何让同事和上司知道到你的日程安排。可是如果真的出现了紧急状况，也只能下班后加班了。如果这些状况频繁发生（而不是很少发生），你就需要问问自己能否改变心态，要么昼夜不停地工作，要么只能换一家薪水较低但尊重员工福利的公司了。

具体行动

每当朱莉收到开发项目的请求，她就会用本章步骤来捍卫自己的时间。在理想状态下，她可以拒绝所有请求，只留下那些与她日程表安排一致的任务。

既然不是在理想的状态下，她生活中又需要钱，只能花时间去实践那些改变目标的方法。换句话说，她需要推迟一些次优先级项目，或者将到了截止期限的任务分配给分包商。她偶尔会放弃家庭时间，但直到她与家人讨论了项目的利弊，她才不这么做了。

顺便说一下，被她婉言谢绝的几家公司，因为看中她的诚信，后来又跟她合作了几个项目。

挣钱和让老板满意不应该以牺牲自己的幸福为代价。

筹划你的下一步行动

▶ 你已经使用了本章的哪些策略方法，它们对你有什么帮助？

▶ 本章的策略方法是如何帮你减轻负担的？

▶ 当有人请求你接手某项任务或项目时，你有必要随时准备好应对措施。你会用哪三种不同的回答来延迟回复呢？

▶ 如果他们说需要立刻得到回复怎么办？你有哪三种回复可以延迟至少十分钟，足以让你快速完成本章的步骤？

▶ 如果你没有机会拒绝或安排截止期限怎么办？你是否准备了谈判策略来应对？

▶ 你通常会在什么时候演练这些谈判策略？

▶▶▷ 第四十一章　我总是不顾一切地帮客户化解危机

罗谢尔是个业务顾问，跟世界各地大小公司都合作过，她的工作是帮助这些公司制定和实施更好的员工培训机制和领导管理系统。

然而，她开始不断地接到那些陷入麻烦的客户电话。尽管她知道危机与自己无关，但是为了帮助客户，在无形中逐渐把客户的危机转化成了自己的危机。

以前，她总能帮助客户化解危机并赶上自己的工作进度。现在随着越来越多的客户和危机呼叫找上门，她越发觉得自己兼顾不了工作了，压力也到达了难以忍受的水平。

目　标
不要把他人的紧急状况转嫁到自己身上来。

方　法
1. 向有关各方说明你的工作时间。
2. 搞清楚紧急情况或危机。
3. 确定你的工作是否包含危机控制机制。
4. 确定合同中的服务范围是否包括处理紧急情况或危机。
5. 给客户一个"危险信号"评估表和沟通时间表。
6. 将以上所有内容展现在你的个人网页和合同中。

策　略

如果你是医院专家，或在警察局、消防部门以及其他紧急部门工作的专业人员，我不得不说处理危机是你的工作使命，这是无法回避的。如果你不在上述领域，请继续阅读。

你有没有给医生办公室打过电话，然后听到如下自动回复：

"如有紧急情况，请挂断电话拨打 911。"

如果连医生都不处理紧急情况，你就更没必要了。

向有关各方说明你的工作时间

有相当一部分人想当然地认为世界是全天候开放的。我想你看这本书大概也是因为不想 24 小时都对他人开放吧。一旦你设置好了工作时间，就把它展现在网页上、合同里、办公室墙上，并向每位客户口头重申你的工作时间。如果设定的办公时间涉及改变了合同，那么一定要通知到你的客户，并澄清理由：这么做是为了能够集中精力，为给他及他的员工提供更好服务。将新的办公时间写到你的邮件签名中作为提醒。如果你在公司上班，你需要在任职之前和老板敲定好工作时间。如果你不确定，那么现在就去确认一下。

搞清楚紧急情况或危机

在生活中，我们都清楚什么是紧急情况：配偶心脏病发作；切菜时切了手，不停地流血；房子着火了。但在工作中，紧急情况是什么呢？大多数职业没有真正的紧急情况，相反，当某人处于混乱状态中或不想对问题负责时，情况就会演变为所谓的紧急情况。

你最了解自己的工作，所以先定义工作中哪些是真正的紧急情况。

清楚地向你的客户说明在你工作范围内哪些属于紧急情况。

确定你的工作是否包含危机控制机制

假设客户了解你不会在午夜接听电话或回复电子邮件，但他们仍寄希望于你。这时候，他们的危机牵制你工作了吗？

的的确确会牵制你，但是你很乐意这么做，是因为你享受成为别人救世主的感觉。如果是这样的话，你需要在生活里专门留出几个小时的时间来处理危机。同时你也该列个清单或写份操作手册来跟踪危机，这样你就可以避免遗留任何问题。

然而，如果控制危机不是你的工作，你就要在初期向客户讲明白，并在合同中，或在与客户签订的任何书面或口头协议中详细说明。

确定合同中的服务范围是否包括处理紧急情况或危机

如果你决定或不得不处理紧急情况和危机时，你必须确定这一条是否涵盖在你的常规合同中。例如，在本章的开头提到的罗谢尔可以花 2 ～ 20 个小时帮客户处理烂摊子，如果这部分时间不计入你或你公司的合同费用，折合下来你或许一小时只赚 10 美元。因此，请清楚地说明"常规服务"中是否含有处理"鸡毛蒜皮小事"这一项。如果不含，应该提前告知客户，如果要增加这项服务，具体流程是什么，费用是多少。

为客户设计一个"危险信号"评估表和沟通时间表

预防是最好的强心剂。如果你提前看到客户出现危险信号时，可以考虑将评估作为服务的一部分。帮客户理解应该在什么时候打电话给你，以阻止事态发展。如果他们选择任其发展，你就可以记录他们忽略了你的请求或不按时间间隔评估情况。换句话说，你是在让你的客户对他们自己的行为负责，而不是让他们把你当作救世主。无论危机控制是否含在常规服务中，还是在附加条款内，一定要有一个时间表，说明你对此需要多久的反应和处理时间。如果客户提前知道你会在 24 小时内确认收到他们的问题，那就在 72 小时内着手处理这个问题，在这之后的 7 ～ 10 天内安排一场会面，沟通情况进展，这样他们就不会追着你解决问题了。

将以上所有内容展现在你的个人网页和合同中

尽可能在任何地方展现你的办事程序。

具体行动

罗谢尔觉得有一些紧急情况确实需要她的协助。她还意识到通过所学策略，以及每月发送等级评估报告确实为她挡住了不少紧急电话。她选择不在常规服务合同中体现危机控制这一项，因为她又起草了一份单独的危机控制合同，客户只有继续合作才能看到这份合同。这样就能明确哪些包含在她的业务范围内，哪些需要额外收费。

她还发现，经常与客户分享常见问题，有助于减少紧急电话的数量。这等于预先教给了客户处理危机的方法。当她再接到电话时，就不必放下手头的事情，因为客户已经知道如何处理危机了。

筹划你的下一步行动

▶ 通过减少额外帮助客户解决问题，每星期或每月你能省下多少时间？

▶ 如何让这类干扰促进工作目标的实现？（没错！这个问题有陷阱！）

▶ 什么是客户真正的紧急情况？（想一下生意场上的生死角逐。）

▶ 有哪些紧急情况是你愿意伸出援助之手的？

▶ 有哪些紧急情况属于你的常规服务，哪些需要收取额外费用？

▶ 如果你在一家公司工作，这些措施目前还没有到位，你能向谁提出建议？

▶ 不管你是在公司工作还是自己创业，有什么预防措施可以帮客户避免危机吗？

▶▶▶ 第四十二章　我从不坚持自己的时间管理计划

朱莉很努力，她几乎能关注到工作中的每一个细节。如果客户交给她一个项目，毫无疑问，她做出的东西将是关于这个项目最全面的展示，也无疑是最完美的成品。客户都知道，如果朱莉答应某个项目，她一定会完成得非常好！

但是，一旦涉及工作和生活的时间管理，她那股自信就完全消失了。你永远听不到她说"我会的"，"我现在就开始干"；只会听到"我试试"，"这对我没啥用"。

在应对客户项目时她总能表现得勇往直前，可一谈到时间管理她就会变得胆怯不安、缺乏自信，像是完全变了个人。

目　标

答应自己，只做积极的自我对话，每月进行两次自我反省，每天工作结束后规划第二天的3+3任务。

方　法

将以下不利于成功的词汇从内心对话中删除：

　　我试试看

　　我做不到

　　我永远做不到

重复以下句子：

> 为了节省时间，我需要慢慢来。
>
> 我希望生活平静，所以我会尽全力实现它。
>
> 我会变得更好，学会使用本书的策略。
>
> 我要花时间规划明天。
>
> 我每月至少做两次自我反省。
>
> 我在时间管理上一定会成功的。

策 略

自我对话障碍有两类情况。有一半客户说："帮我做个计划，我会坚持执行的。"这些是短期客户，因为他们只需要上几次课就能回到时间管理的正轨上。

另一半客户会说："我从不坚持按计划执行。"这些客户需要的就不仅仅是入门级的方法了。不能让他们刚开始就实施我的策略方法，而首先应花一些时间消除恐惧，将他们在工作或生活等领域的成功方法应用到提升效率上。一旦他们认识到思维方式才是真正的障碍，他们就能重新回到正轨上来。时间管理，其实就是对思维的管理。

亨利·福特说的没错——"不管你是否相信自己有能力做某件事，你都是正确的。"

如果你一开始就否定自己，那当然不行。如果你肯定自己，那就会增加成功的可能性。

让我们来研究一下为什么过去你选择的时间管理方式不起作用。

> 你是否告诉过自己一定会成功？
>
> 你是否全面掌握了方法和策略，而不只是简单的尝试？
>
> 你是否每天都关注自己的优先事项和目标？
>
> 你是否照顾好自己的感受了？
>
> 你是否知道自己的时间都去哪儿了？

你是否会根据自己的优先事项和目标来规划日程？

你是否会规划每日的 3+3 任务？

你是否依靠实现目标的方法找到了把控工作日的五个关键？

你是否时常与工作团队沟通？

你的生活是否每天都一样，没有任何形式的变化？

你是否每周结束都会进行自我反省？

如果你对上述问题的回答都是"否"，不要害怕！

猜猜这本书涵盖上述哪几个问题？

全部问题！当然还有另外一些问题。

这里有个小秘密我要向你透露一下。有条理的、效率又高的人会让生活更得心应手些。这是因为他们已经有多年甚至几十年的经验了。打个响指就可以奇迹般地富裕起来是不公平的，你需要花一段时间来训练大脑和运用本书所讨论的策略，这样你才能成为最好的自己。

还有一个秘密，有条理的、效率高的人也会旧瘾复发。如果我们放手不管，事情就会不可掌控。然后我们就需要重新开始。再一次做一个有条理的、高效率的人，我们必须每天从早到晚运用这些策略方法。

跟你说这个可不是为了吓唬你，是为了让你有所准备，从而成为变革时间管理的先锋。或许每天都过着有条不紊的日子并时时刻刻对时间做决定听起来很枯燥，但是，如果你这么做，你的大脑就有更多的创造性空间，进而腾出更多的时间过你想要的生活。

> 只有在字典中，成功才会出现在工作之前。
> ——斯塔碧·柯润斯《记者席》

具体行动

如果你通读了本书，你就会发现朱莉最终扭转了乾坤。她通过运用我的"CIA 三部曲"——"保持头脑清醒""提前规划，随机应变""组建你的团队"，过上了自己想要的生活。她意识到，过去她之所以坚持不下来，是因为她总是单纯执行各种策略，却并不了解其中真正的含义。她明白了坚持自己的计划并不需要把事情排出个前五位，她只需运用策略并将它变成习惯。

朱莉将她那种在工作上"无所畏惧"的心态成功运用到了我推荐给她的策略中。起初确实有些不习惯，这些策略也的确需要花时间去消化，但最终她的心态帮她克服了不适应。她说她以后会继续这么做，她会坚持，她会成功的。她做到了。

这些策略真的就在你的大脑里。

筹划你的下一步行动

▶ 你可能对我在本书中讨论的许多策略方法很熟悉，但你每天用到的有多少？

▶ 有哪些策略你没用到过？哪些是因为没运用而导致你无法坚持自己的时间管理计划的？

▶ 你打算如何提高时间管理技能和工作效率？

▶ 如果有任何不利于成功的词汇进入你大脑，你将如何摒弃它？

小结 争当自己时间管理革命的先锋

祝贺你完成了本阶段的任务，可以专注于自己的事业、个人感情和身心健康了！

现在，你应该知道我为什么要求大家解放思想了。简单地说，所有时间管理的战略方法都与思想管理息息相关。只有认识到自我干扰的根源是拖延、分心、注意力分散，你才能缩减浪费的时间！如果你从未意识到这个问题——或有相当长的一段时间忽视这个问题，就需要转变思维方式了。

这简直难以置信！

我们需要开动脑筋做出明智的决定。若想让大脑习惯这种思维方式，就要不断地加以练习。一开始，你可能会感到疲惫，但几个月以后，你就会自然而然地进行思维管理了。

我希望你可以在工作日高效工作，在周末出去度假或居家活动，不要变成工作狂！我希望你能克服疲惫，去体验自由、平和与宁静，也希望你充分认识到它的重要性，让它助你高效工作。

平衡工作与生活

几十年前，美国人感受到了过度工作带来的压力，于是开始倡导"平衡工作与生活"的理念。最开始，该理念是指将工作与生活完全区分开——每天都能保持完美的平衡，即用 1/3 的时间睡觉，用 1/3 的时间居家，再用 1/3 的时间工作。今天，这个理念已经演变成"融合工作与生活"。因为有人认为不可能将工作和生活完全区分开，我们只能在每天特定时间段切换工作和生活状态。

综合上述两种理念，我认为，如果你愿意，可以在两种理念中各有借鉴，充分平衡这两种理论。每天，我们有必要将 1/3 的时间用于睡觉和休闲，再将剩余 2/3 的时间分成工作时间和生活时间，但不必平均分配。实际上，划分比例每天可以不尽相同：可能是七三分、六四分、五五分、四六分、三七分。如果你在家里办公或自己开公司，可能更容易保持工作和生活的平衡。如果你是某公司的雇员，需要长时间保持工作状态，可能就无法确保工作时间和生活时间的比例。不管处于哪种情况，你都要让工作和生活有所区分，否则大脑就没有机会充电，也就无法集中精力。此外，不要把你的工作和生活混为一谈，否则就会浑浑噩噩失去目标。

平衡现实与生活

我必须承认：一年中，我几次擅离教学岗位，导致待办任务越积越多。有时，我认为不必每天完成 3+3 任务；有时，我会临时增加一个任务——因为我一直在赶超别人；有时，我在核查重要任务和目标清单时，自以为对某些任务了如指掌，就想缓上几天。毕竟，我是《低效杀手》的作者！

但后来，我发现自己无法保持平衡了。不同于以往的冷静心态，我感到心跳加快，血压上升，身体僵硬紧张，大脑也无法像往常一样做出明智的决定。这一切都源于我给自己施加了压力，剥离了原来的保护层。我篡改了某些计划，导致自己不能有效利用业余时间并适应新的环境。

我向大家坦白，是想让你们清楚，我们都是人，难免偶尔出现差错。但是犯错误并不代表你偏离轨道或终止任务。你只是暂时离开一下，很快就会回来，让一切回归正轨。

如果出现上述情况，你要提醒自己后退一步，回顾自己的工作重点和目标，也要回顾本书介绍的战略战术。把非紧急任务放在次要位置，去关注手头更重要的工作。把注意力放在你的重要任务和目标上，避免在日常生活中出现自我干扰和效率低下，这样才能保持平衡。

让我们回到"CIA 三部曲"这套体系规范中：

　　保持头脑清醒

　　提前规划，随机应变

　　组建你的团队

　　要知道，时间管理不能一蹴而就，而应持之以恒。当然，你不必在休息或度假时完成 3+3 任务。但是在日常生活和工作中，你每天都要有意识地实践"CIA 三部曲"。这样，你就能够充分放松，全面掌控时间，过自己想过的生活。

　　还有一点需要谨记，当你意识到自己在事业或工作中已无用武之地时，应该感到害怕，因为这意味着你已经落伍，不再被社会需要了。要庆幸自己还在工作，但不要让它凌驾于生活之上，否则你会感到压力和恐惧。你应该常说："我应该把时间用在令我开心的事上，否则我就输了！"而不是说："我必须完成这项工作，否则我就输了！"一味妥协，总是同意"再做一件工作"并不会帮你完成重要任务。

掌控自己的时间和生活

　　阅读本书，你可以了解高效工作和保持平衡的方法，并根据具体情况，随时进行调整。阅读本书，你也可以了解到有意识地进行思维管理的策略和方法。

　　你将成为时间管理革命的先锋。

　　你会更有效率，在工作之外拥有全新的生活。

　　你会聪明地工作，而不是一味拖延。

　　生产力

　　平衡

　　幸福

　　成功

　　平和

　　时间管理其实就是心态掌控和思维管理。

　　它真的全部由你掌控。

　　就是这样。